Wechselordnung

mit dem

Scheckgesetz

und

einschlägigen Bestimmungen

Erläutert durch die Rechtsprechung des Reichsgerichts

von

Julius Basch †
Justizrat

Achte Auflage

Bearbeitet von

Walter Basch
Rechtsanwalt am Kammergericht und Notar in Berlin

Verlag von H. W. Müller, Berlin u. München 1931

Wechselordnung

mit dem

Scheckgesetz

und

einschlägigen Bestimmungen

Erläutert durch die Rechtsprechung des Reichsgerichts

von

Julius Basch †
Justizrat

Achte Auflage

Bearbeitet von

Walter Basch
Rechtsanwalt am Kammergericht und Notar in Berlin

Verlag von H. W. Müller, Berlin u. München 1931

Druck von Dr. F. P. Datterer & Cie., Freising-München

Inhalt.*)

	Art.	Seite
5. **Wechselordnung** i. d. Fassung v. 3. Juni 1908		
1. **Abschnitt.** Von der Wechselfähigkeit . .	1—3	273
2. **Abschnitt.** Von gezogenen Wechseln:		
I. Erfordernisse eines gezogenen Wechsels . .	4—7	273
II. Verpflichtungen des Ausstellers	8	279
III. Indossament	9—17	280
IV. Präsentation zur Annahme	18—20	284
V. Annahme (Akzeptation)	21—24	285
VI. Regreß auf Sicherstellung:		
1. Wegen nicht erhaltener Annahme . . .	25—28	289
2. Wegen Unsicherheit des Akzeptanten . .	29	290
VII. Erfüllung der Wechselverbindlichkeit:		
1. Zahlungstag	30—35	291
2. Zahlung	36—40	293
VIII. Regreß mangels Zahlung	41—55	297
IX. Intervention:		
1. Ehren-Annahme	56—61	304
2. Ehren-Zahlung	62—65	305
X. Vervielfältigung eines Wechsels:		
1. Wechsel-Duplikate	66—69	307
2. Wechselkopien	70—72	308
XI. Abhanden gekommene Wechsel	73—74	309
XII. Falsche Wechsel	75—76	309
XIII. Wechselverjährung	77—80	310
XIV. Klagerecht des Wechselgläubigers	81—83	312
XV. Ausländische Gesetzgebung	84—86	316
XVI. Protest	87—90	316
XVII. Ort und Zeit für die Präsentation und andere im Wechselverkehr vorkommende Handlungen	91—93	321
XVIII. Mangelhafte Unterschriften	94—95	324
3. **Abschnitt.** Von eigenen Wechseln . . .	96—100	324
6. **Scheckgesetz** v. 11. März 1908.		327
7. **VO. über Goldmark- und Goldmarknoten-Wechsel und -Schecks** v. 6. Februar 1924		334
8. **Wechselsteuergesetz** v. 12. Juli 1930		335
Sachregister		340

*) Der Inhalt ist ein Sonderabdruck aus Basch, Handelsgesetzbuch 10. Auflage (1931). Deren Seitenzahlen sind beibehalten.

5. Wechſelordnung

in der Faſſung der Bek. vom 3. Juni 1908. (RGBl 327.)

1. Abſchnitt. Von der Wechſelfähigkeit.

Art. 1. Wechſelfähig iſt jeder, welcher ſich durch Verträge verpflichten kann.[1—4])

(Art. 2.)[5])

Art. 3. Finden ſich auf einem Wechſel Unterſchriften von Perſonen, welche eine Wechſelverbindlichkeit überhaupt nicht oder nicht mit vollem Erfolg[6]) eingehen können, ſo hat dies auf die Verbindlichkeit der übrigen Wechſelverpflichteten keinen Einfluß.[7])

2. Abſchnitt. Von gezogenen Wechſeln.

I. Erforderniſſe eines gezogenen Wechſels.

Art. 4. Die weſentlichen Erforderniſſe[7a]) eines gezogenen Wechſels ſind:

1. die in den Wechſel[8]) ſelbſt aufzunehmende Bezeichnung als Wechſel[9—12]) oder, wenn der Wechſel in einer fremden Sprache

1) Wer ſich durch Verträge verpflichten kann, beſtimmt das bürg. Recht. Ein nicht rechtsfähiger Verein iſt nicht wechſelfähig. RG 112, 125.

2) Betreffs der Minderjährigen vgl. §§ 112, 1643, 1822 Nr. 9 BGB. Aus dem Akzept eines Minderjährigen folgt nicht ohne weiteres, daß er ſich für volljährig ausgegeben, alſo argliſtig gehandelt habe. OHG 4 188. Minderjährigkeit zur Zeit der Ausſtellung beeinträchtigt die Gültigkeit des undatierten Giros nicht. OHG 3 179.

3) Ehefrauen bedürfen der Zuſtimmung des Mannes nicht, § 1399 BGB; das Rechtsgeſchäft iſt aber ohne ſeine Zuſtimmung ihm gegenüber hinſichtlich des eingebrachten Gutes unwirkſam.

4) Der als Ausſteller, Akzeptant oder Indoſſant in Anſpruch genommene Wſchuldner (der ſeine Wfähigkeit leugnet) muß beweiſen, daß er zur Zeit ſeiner darauf geſetzten Namensſchrift nicht wfähig geweſen ſei; der Kläger kann dieſen Einwand auch mit Beweismitteln widerlegen, die ſich nicht aus dem W ſelbſt ergeben. OHG 2 176.

5) Art. 2 beſtimmte über die Haftung des Wſchuldners mit ſeiner Perſon, dieſe Haftung war durch das G v. 29. V. 68 mit der Aufhebung des Perſonalarreſtes als Vollſtreckungsmittel ungültig geworden; der übrige Teil des Art. iſt durch die Nov. v. 30. V. 08 als ſelbſtverſtändlich geſtrichen worden, ſo daß ein Art. 2 nicht mehr vorhanden iſt; die bisherige Nummernfolge iſt jedoch beibehalten worden.

6) Dieſe auf die Ausſchließung des Perſonalarreſtes ſich beziehenden Worte ſind bedeutungslos geworden (vgl. Anm. 5), die Nov. hat ſie jedoch nicht geſtrichen.

7) Betreffs falſcher Unterſchriften vgl. Art. 75, 76.

ausgeſtellt iſt, ein jener Bezeichnung entſprechender Ausdruck in der fremden Sprache;

2. die Angabe der zu zahlenden Geldſumme;[13, 14—14b])

3. der Name der Perſon oder die Firma, an welche oder an deren Order gezahlt werden ſoll (des Remittenten);[15—18])

7a) Der W iſt ein Formalakt, entſpricht er nicht den geſetzlichen Erforderniſſen, ſo kommt ihm keine wechſelrechtliche Wirkung zu. RG **105** 146.

1) Bezeichnung als W:

8) Das Wort „Wechſel" muß in der Erklärung enthalten ſein, das Wort „Wechſel" als Überſchrift der Urkunde genügt nicht. (Die Urkunde kann aber ein kaufmänniſcher Verpflichtungsſchein ſein, wenn ſie den Erforderniſſen des § 265 HGB entſpricht.) RG **48** 223.

9) Wird eine Zahlung nach Wrecht verſprochen, ohne daß das Wort „Wechſel" geſchrieben wird, ſo liegt kein W vor. OHG **2** 147.

10) Die Bezeichnung mandat non acceptable genügt nicht als ein entſprechender Ausdruck der franzöſiſchen Sprache. OHG **6** 125.

11) Es darf wohl „Wechſel-Brief, -Urkunde, -Verſchreibung" lauten, nicht aber „Wechſel-Anweiſung", weil dann die techniſchen Ausdrücke zweier Rechtsgeſchäfte zuſammengeſtellt nicht zweifellos machen, was gemeint ſei. OHG **18** 207.

12) Ein Wverſprechen „laut Vertrag" iſt ungültig. OHG **21** 169.

Beiſpiele:

Ein gezogener W lautet:

I.

Berlin, den 15. April 1910.
Am 10. Auguſt 1910 zahlen Sie mir gegen dieſen Wechſel elfhundert Mark.
Herrn Otto Schulze in Berlin, Paul Meyer.
Kanonierſtraße 1.

Dieſer W enthält alle Erforderniſſe (die in den üblichen Formularen ſtehenden Formeln: Wert erhalten, und ſtellen ihn auf Rechnung ohne Bericht u. dgl. haben keine wechſelrechtliche Bedeutung), er bezeichnet den Ausſteller als Remittenten, das erſte Giro muß von dieſem ausgeſtellt werden.

II.

Berlin, den 15. April 1910.
Am 10. Auguſt 1910 zahlen Sie Herrn Ernſt Kraft in Berlin gegen dieſen Wechſel elfhundert Mark.
Herrn Otto Schulze in Berlin. Paul Meyer.

Dieſer W enthält den Namen eines Remittenten (Kraft), das erſte Giro muß von dieſem ausgeſtellt ſein. Solche W ſind ſelten; die Ausſtellung an eigene Ordre bildet die Regel, die Benennung eines Remittenten die Ausnahme; nach meiner Erfahrung kommt auf etwa 50 (deutſche) W, welche an eigene Ordre geſtellt ſind, nur einer, der einen Remittenten benennt.

III. a) Steht bei Otto Schulze in Berlin noch die Bemerkung: zahlbar bei der Deutſchen Bank, ſo iſt es ein ZahlſtellenW. Art. 43 Abſ. 2.

4. die Angabe der Zeit, zu welcher gezahlt werden soll;[19—25]) die Zahlungszeit kann für die gesamte Geldsumme nur eine und dieselbe sein und nur festgesetzt werden

auf einen bestimmten Tag,

auf Sicht (Vorzeigung a vista usw.) oder auf eine bestimmte Zeit nach Sicht,

auf eine bestimmte Zeit nach dem Tage der Ausstellung (nach dato),

auf eine Messe oder einen Markt (Meß- oder Marktwechsel);

---

b) Steht bei Otto Schulze in Berlin noch die Bemerkung: zahlbar bei der Deutschen Bank in München (also ein anderer Ort als der Wohnort des Bezogenen), so ist es ein DomizilW. Art. 43 Abs. 1.

c) Lautet die Adresse:

Herrn Otto Schulze in Berlin bei Franz Müller, Kanonierstraße 1, so liegt ein gewöhnlicher W vor.

Der Protest mangels Zahlung muß erhoben werden:

bei a: gegen die Deutsche Bank in Berlin,

„ b: gegen die Deutsche Bank in München,

„ c: gegen den Bezogenen Schulze, dessen Wohnung bei Müller aufzusuchen ist.

Ein W mit Notadresse ist bei Art. 62, ein eigener W bei Art. 96 abgedruckt.

2) Angabe der Geldsumme; vgl. Verordnung über Goldmark- und Goldmarknoten-Wechsel vom 6. II. 24 (RGBl. S. 50).

13) Wenn auch im W die Münzbezeichnung fehlt, genügt das Vorhandensein in der Überschr. OHG **10** 22.

14) WertW (mit dem Zusatz: oder Wert) sind gültig, die Klausel bedeutet: oder so viel Münzen anderer Art, als dem angegebenen Wert entsprechen. OHG **1** 279, ebenso: oder Münze nach Kurs. OHG **2** 118.

Vgl. Art. 5, 37.

14a) Der Zusatz „Zahlbar in Bankscheck auf Paris" macht den W ungültig, auch wenn er außerhalb des Kontextes (des Zahlungsauftrages) steht. RG **105** 145.

14b) Ein im Jahre 1924 auf „Mark" gestellter W ist als auf „Goldmark" lautend anzusehen. RG **112** 87.

3) Name des Remittenten; vgl. Anm. 35 ff.

15) Vgl. Art. 6.

16) Wie im allgemeinen für die wesentlichsten Erfordernisse des W, so ist auch für die Person des Remittenten eine klare und bestimmte Angabe zu fordern. Ein W

. . . . . . zahlen Sie mir

Artur P.

Walter L.

ist für ungültig erklärt worden. RG **66** 7.

16a) Der Fiskus als Wremittent bedarf nicht der Angabe der zu seiner Vertretung berufenen Behörde. RG **100** 167.

5. die Unterſchrift des Ausſtellers (Traſſanten) mit ſeinem Namen oder ſeiner Firma,[26—29])
6. die Angabe des Ortes, Monatstags und Jahres der Ausſtellung;[30—34])
7. der Name der Perſon oder die Firma, welche die Zahlung leiſten ſoll (des Bezogenen oder Traſſaten);[35—44])
8. die Angabe des Ortes,[45—48]) wo die Zahlung geſchehen ſoll; der bei dem Namen oder der Firma des Bezogenen angegebene Ort gilt für den Wechſel, inſofern nicht ein eigener Zahlungsort angegeben iſt, als Zahlungsort und zugleich als Wohnort des Bezogenen.

---

17) Iſt der Name des Remittenten nicht ausgefüllt, ſo iſt der Nehmer zur Ausſtellung berechtigt. Er kann dieſe Befugnis auch auf ſeinen Nachmann übertragen. Die Ausfüllung kann auch erſt nach dem Fälligkeitstage erfolgen. RG **108** 390.

18) Ein W, aus welchem unzweifelhaft hervorgeht, daß der Bezogene und der Remittent dieſelben Perſonen ſind, iſt ungültig. RG **19** 93.

4) Zahlungszeit:

19) Wenn durch Irrtum ein unmöglicher Verfalltag geſchrieben iſt (ausgeſtellt am 1. XII. 69, zahlbar am 15. III. desſelben Jahres), ſo iſt der W ungültig, OHG **1** 55, ebenſo wenn eine Zahlungszeit angegeben iſt, die vor der Zeit der Ausſtellung liegt. RG **69** 205.

20) Iſt keine Jahreszahl angegeben, ſo gilt die bei dem Ausſtellungstage angegebene, z. B. OHG **6** 120. Ein W: „am 1. November J. zahlen Sie . . .“ iſt dagegen ungültig, weil es zweifelhaft bleibt, ob d. J. oder k. J. gemeint iſt. OHG **24** 122.

21) „Bis zum . . zahlen Sie“ enthält keine genügende Beſtimmung der Zeit. OHG **11** 170.

22) „cr.“ bedeutet als zuläſſige Abkürzung currentis scil. anni d. h. des laufenden Jahres. OHG **1** 187.

23) „dato“ bedeutet im Verkehr „nach dato“ und iſt gültige Bezeichnung. OHG **5** 245. „dato nach Sicht“ heißt von heute an zahlbar auf Sicht. OHG **6** 239.

24) Ein W mit der Klauſel „nach Kündigung“ iſt ungültig, z. B. OHG **2** 361.

25) Eine Schrift, in deren Eingang Zahlung der Wſumme „auf Sicht“, an einer anderen Stelle aber Zahlung zur Verfallzeit „ohne vorhergegangene Präſentation“ verſprochen wird, begründet keine wmäßige Verbindlichkeit. RG **20** 182.

Vgl. Art. 30 bis 35 (Zahlungstag).

5) Unterſchrift des Ausſtellers; vgl. Anm. 35 ff.

26) Für die Unterſchrift iſt eine beſtimmte Stelle gegeben (wo die Urkunde endigt), jede andere Stelle, etwa im Text, oder oberhalb oder auf der Rückſeite oder quer darüber, iſt ausgeſchloſſen, z. B. OHG **19** 89.

27) Bei einer aus Sach- und Namensbezeichnung zuſammengeſetzten Firma genügt die Unterſchrift des Namens; die Sachbezeichnung kann durch Stempeldruck hergeſtellt ſein. RG **47** 165. (Die Firma einer Kommanditgeſellſchaft lautete: Papier- und Pappen-

Art. 5. Ist die zu zahlende Geldsumme (Art. 4 Nr. 2) in Buchstaben und in Ziffern ausgedrückt, so gilt bei Abweichungen die in Buchstaben ausgedrückte Summe.

Ist die Summe mehrmals mit Buchstaben oder mehrmals mit Ziffern geschrieben, so gilt bei Abweichungen die geringere Summe.[49])

---

fabrik Sadowa Moritz Auerbach u. Komp. Geschrieben waren von dem einzigen persönlich haftenden Gesellschafter Moritz Auerbach die Worte: „Moritz Auerbach u. Komp." Die Worte Papier- und Pappenfabrik Sadowa waren gestempelt.)

28) Es müssen erkennbare Buchstaben sein, nicht bloße Federstriche (vgl. Art. 94). OHG **22** 407.

29) Wenn ein Bevollmächtigter einen W ausstellt, so muß der Name des Auftraggebers, wenn auch nur im Wtext, geschrieben werden. OHG **20** 90.

30) Der Ort braucht nicht die amtlich anerkannte Gemeinde oder Ortschaft mit bestimmt festgelegten Grenzen zu sein, es reicht aus, daß als Ausstellungsort ein im Verkehr bestimmbarer geographischer Bezirk oder Platz genannt wird. RG **74** 185.

6) Datum der Ausstellung:

31) Es braucht weder der bezeichnete Ort der Ausstellung (z. B. OHG **6** 125), noch das angegebene Datum das wirkliche zu sein. OHG **12** 316; RG **96** 192.

32) Der Ort von welchen ein W datiert ist, gilt keineswegs wrechtlich als Wohnort des Ausstellers. RG **25** 56 (62).

33) Betreffs der im Auslande ausgestellten W vgl. Art. 85.

34) Aus einer Urkunde, welche die Angabe verschiedener Orte oder Zeiten ihrer Ausstellung enthält, kann keine Wverpflichtung entstehen. RG **11** 165.

7) Name des Bezogenen:

35) Ein auf zwei verschiedene Personen gezogener W ist nicht gültig. RG **43** 80. **Dagegen:** Ein gezogener W ist nicht allein deshalb ungültig, weil er mehrere Personen nebeneinander als Bezogene bezeichnet. RG (verein. Zivilsenate) **46** 132.

36) Auch wmäßige Erklärungen und Unterschriften sind mit Rücksicht auf die Verkehrssitte auszulegen. Für die Gültigkeit eines W genügt es, wenn die in der Adresse oder im Ausstellervermerk vorkommende Bezeichnung überhaupt als Namen einer wrechtsfähigen Person gedacht werden kann. Davon, ob die einzelnen Personen im Einzelfalle richtig bezeichnet sind, hängt die Gültigkeit nicht ab. RG **85** 195. Auch im Wechselrecht ist als Name oder Firma diejenige anzusehen, die im Verkehr ständig benutzt wird. RG **119** 202.

37) Als ungültig ist dagegen ein Wechsel mit der Unterschrift „Verwaltung der Fideikommißherrschaft Weißholm O. L. in Generalvollmacht Förster" erklärt worden. RG **77** 193.

38) Die Angabe des Bezogenen und der Akzeptvermerk lauteten: E. T. F. Keck u. Co., die Firma des Bezogenen enthielt noch den vorangestellten Zusatz: Deutsche Kaffee-Großhandlung. Dies ist für unschädlich erklärt worden. RG **70** 208. Vgl. Note 95 zu Art. 20.

39) Verschiedenheiten in der Angabe des Vornamens des Bezogenen und des Akzeptanten ändern in der Haftung nichts, wenn der Zweifel über die Identität beseitigt wird. OHG **3** 271.

Art. 6. Der Aussteller kann sich selbst als Remittenten (Art. 4 Nr. 3) bezeichnen (Wechsel an eigene Order).[50],[51])

Desgleichen kann der Aussteller sich selbst als Bezogenen (Art. 4 Nr. 7) bezeichnen, sofern die Zahlung an einem anderen Orte als dem der Ausstellung geschehen soll (trassiert-eigene Wechsel).[52])

---

40) Es schadet nichts, wenn der Akzeptant etwa zu dem Zwecke eine formelle Übereinstimmung zwischen Adresse und Akzept herbeizuführen, oder weil er sich des unrichtigen Vornamens zu bedienen pflegt, eben diesen unrichtigen in der Adresse gebrauchten Vornamen zu dem Familiennamen zugefügt hat. RG **71** 273.

41) Die WO besagt nicht, daß im Akzepte die vom Namen verschiedene Firma nicht gebraucht werden dürfe, wenn in der Adresse der Name steht, und umgekehrt. RG **73** 280. Bei einem W, dessen Adresse lautete „Herrn Emil Dornig in S.", folgten in dem Akzeptvermerk auf dem Farbstempelaufdruck „M. Zwahrs Nachf. Inhaber Emil Dornig in Z." die von dem Angestellten geschriebenen Worte „gez. Max M. Bevollmächtigter". Dornig war Inhaber zweier Fahrradgeschäfte, von denen er das eine in S. unter seinem bürgerlichen Namen betrieb, während er sich zur Führung des anderen, in Z. befindlichen Geschäfts der auf den früheren Inhaber hindeutenden Firma M. Zwahrs Nachf. bediente. Das Akzept ist für gültig erklärt worden. Ebenso ist das Akzept „Richard C. G.m.b.H. Rich. C." bei Angabe des Bezogenen als „Herr Richard C." für gültig erklärt. RG **100** 228.

42) Ist als Bezogener irrtümlich der Mann genannt, die Annahme aber durch die als Bezogene gemeinte Frau erfolgt, so ist kein gültiges Akzept vorhanden. OHG **21** 416. (Als Bezogener war genannt Herr Em. Forst; der von Frau Emilie Forst geschriebene Annahmevermerk lautete: Em. Forst. Meines Erachtens müßte, wenn Frau Emilie Forst unter der Firma Em. Forst ein Geschäft betriebe, in dem Worte: „Herr" lediglich eine Anredeform erblickt und das Akzept für gültig erachtet werden.)

43) Die Firma in allen ihren Bestandteilen; hat die Firma einen das Geschäft näher bezeichnenden Zusatz, so bildet dieser einen Bestandteil. OHG **12** 173. Wenn jedoch die Annahme unter dem vollständigen Namen erfolgt ist, so gilt diese, wenngleich die Adresse mangelhaft war. OHG **14** 172.

44) Ein Schriftstück, das als Bezogene angibt: „Tiroler Kohlengesellschaft Koessen in Groß-Lichterfelde bei Berlin" enthält weder einen persönl. Namen noch eine Firma, welche als Bezeichnung einer firmenberechtigten Person möglich ist, ihm fehlt eines der wesentlichsten Erfordernisse des W, aus ihm entsteht keine wmäßige Verbindlichkeit, die auf dem Schriftstück sich findenden Akzepte haben keine Wkraft. RG **63** 381.

Vgl. auch Art. 21 und 23.

8) Zahlungsort:

45) d. h. Ortschaft; ist nur eine Straße genannt, so ist keine genügende Ortsangabe vorhanden. OHG **9** 261. Sind mehrere Zahlungsorte angegeben, so ist der W ungültig. OHG **7** 190. RG **25** 61. Ist ein Ort genannt, der mit anderen Orten gleichnamig ist, so gilt der W; als der gewollte Ort wird der angesehen, an welchem der Winhaber Präsentation bewirkt; der Nachweis, daß der Aussteller einen anderen Ort gewollt hat, ist abgeschnitten. OHG **9** 192.

46) Die Klausel „zahlbar aller Orten" ersetzt nicht die fehlende notwendige Ortsbestimmung, sie entkräftet aber auch die anderweite Ortsbestimmung nicht. OHG **4** 261.

Art. 7. Aus einer Schrift, welcher eines der wesentlichen Erfordernisse eines Wechsels (Art. 4) fehlt,[53], [54], [54a]) entsteht keine wechselmäßige Verbindlichkeit. Auch haben die auf eine solche Schrift gesetzten Erklärungen[55]) (Indossament, Akzept, Aval) keine Wechselkraft. Das in einem Wechsel enthaltene Zinsversprechen gilt als nicht geschrieben.[56])

II. Verpflichtungen des Ausstellers.

Art. 8. Der Aussteller eines Wechsels haftet für dessen Annahme und Zahlung wechselmäßig.[57—59])

---

47) Er gilt also als Wohnort, wenn er auch nicht der wahre Wohnort ist. Er bildet das wmäßige Domizil des Bezogenen (für Vorlegung, Benachrichtigung, Protesterhebung mangels Datierung nach Art. 20 RG **62** 93), wenn sich auch das bürgerliche Domizil an einem anderen Orte befindet. OHG **11** 187.

48) Dieser ein für allemal festgelegte Zahlungsort kann durch eine spätere Änderung des Wohnorts nicht verändert werden, die wrechtlichen Handlungen haben also in jenem stattzufinden. OHG **14** 118.

Vgl. Art. 24 (DomizilW.).

49) Dieser Grundsatz gilt nicht auch dann, wenn verschiedene Geldsorten geschrieben sind, dann ist nach den Grundsätzen des W- und Zivilrechts nach dem Inhalt des W zu entscheiden. OHG **20** 160.

50) Wenn der Trassant eines W an eigene Order seinem ersten Indossament die Bemerkung: ohne Obligo beifügt (Art. 14), bleibt er doch als Aussteller regreßpflichtig. OHG **1** 97. RG **18** 112.

51) Eigene W an eigene Order sind ungültig, vgl. Note zu Art. 96 Nr. 3.

52) Ein trassiert-eigener W ist nur dann vorhanden, wenn in ihm selber die Identität des Ausstellers und Bezogenen erklärt ist. OHG **18** 140.

Vgl. auch Art. 9, 14.

53) Ist eine Unterschrift (oder eine Quittung, OHG **3** 98) auf dem W durchstrichen, so gilt sie als nicht vorhanden, mag die Durchstreichung aus Versehen oder zufällig oder rechtswidrig entstanden sein. OHG **19** 270. Ist ein Vollgiro bis auf den Namen durchstrichen, so gilt die übrig gebliebene Unterschrift nicht als Blankogiro. OHG **16** 141. Ist ein Domizilvermerk durchstrichen, so bleibt der W gültig. OHG **12** 431.

54) Ist die Veränderung offensichtlich, so hat der Inhaber den entscheidenden Zeitpunkt zu beweisen, andernfalls der Verpflichtete. RG **66** 201.

54a) Vgl. Art. 21 Note 99—13 (Blankoakzept).

55) Es ist anzunehmen, daß Bleistiftzusätze auf einem vollständigen, mit dauerhaften Schriftzeichen hergestellten W keine Abänderung des WInhalts bezwecken, sondern als unverbindliche Notizen gemeint sind. RG **60** 430.

56) Nach diesem Prinzip gelten auch andere Nebenversprechen als nicht geschrieben, nehmen aber dem W nicht seine Kraft. OHG **6** 364.

57) Vgl. Art. 25, 41ff., 81.

58) Das Wversprechen des Ausstellers wird durch den Inhalt des aus der Tratte ersichtlichen Zahlungsauftrages bestimmt. Dies gilt namentlich in bezug auf den Fällig-

III. Indossament.

Art. 9. Der Remittent kann den Wechsel an einen anderen durch Indossament (Giro) übertragen.[60—63])

Hat jedoch der Aussteller die Übertragung im Wechsel durch die Worte „nicht an Order" oder durch einen gleichbedeutenden Ausdruck untersagt, so hat das Indossament keine wechselrechtliche Wirkung.[64—66])

Art. 10. Durch das Indossament[67], [68]) gehen alle Rechte aus dem Wechsel auf den Indossatar über, insbesondere auch die Befugnis, den

---

keitstermin. Der Zeitpunkt, in welchem der Bezogene Zahlung zu leisten hat, fällt zusammen mit dem Zeitpunkte, in welchem die Regreßpflicht des Ausstellers in Kraft tritt. Aus dem Wesen der Tratte folgt, daß der Grundsatz auch dann Anwendung findet, wenn es sich um einen vom Inlande auf das Ausland gezogenen W handelt; der Verfalltag und die Protestfrist werden danach nach dem ausländischen Rechte berechnet. RG **36** 127.

59) Wenn der Aussteller seiner Unterschrift die Klausel „ohne Gewähr" hinzugefügt hat, ist der W ungültig. Die Haftung des Ausstellers kann dadurch nicht ausgeschlossen werden (sondern nur durch Vertrag zwischen Geber und Nehmer). RG **37** 145.

60) Nach deutschem Wrechte und nach deutscher Verkehrsauffassung enthält die Indossierung eines W grundsätzlich keine stillschweigende Übertragung der dem W zugrunde liegenden Forderung. RG **65** 358.

61) Zur Übergabe des W gehört nicht nur der Skripturakt, sondern ein Begebungsvertrag. Dies ist ein abstrakter Vertrag, wie jede W-Verpflichtung. Zum Geben und Nehmen des W muß die Einigung des Gebers und Nehmers hinzukommen. Sie braucht aber nicht die Übertragung der W-Rechte zu eigenem Nutzen des Empfängers zu bezwekken. Deshalb ist auch ein Inkassoindossament und ein fiduziarisches (treuhänderisches) Indossament zulässig. RG **117** 71.

62) Eine W-Forderung kann auch durch Abtretung und Übergabe des W übertragen werden. RG **88** 292; **119** 217. Vgl. § 398 BGB.

63) Der Zessionar erwirkt die WForderung und mit ihr das WEigentum nur aus dem Rechte des Zedenten, das heißt: die Rechte des Zedenten aus dem W, nicht wie der Indossator kraft des Indossaments (Art. 10) das Recht aus dem W nach Maßgabe des Inhabers der WUrkunde und das Eigentum des W als eignes Recht. RG **33** 147.

64) Ein auf die Rückseite geschriebenes Verbot ist ungültig. OHG **2** 408.

65) Der Akzeptant haftet also wrechtlich nicht dem Indossator, ein Giro gibt dem Indossatar gegen den Akzeptanten auch nicht die Rechte eines Prokura-Indossatars (Art. 17). OHG **14** 60.

66) Das Verbot der Indossierung des W durch die Klausel: „nicht an Order" schließt die Zession der WRechte nicht aus. RG, K **3** 238.

Vgl. auch Art. 98 Nr. 2.

67) Der Indossant bleibt wberechtigt; solange das Recht des Nachmanns besteht, fehlt nur die Möglichkeit der Geltendmachung des verbliebenen Rechtes. RG **77** 190.

68) Durch ein Teilindossament werden WRechte weder erzeugt noch übertragen. RG **11** 148.

Wechsel weiter zu indossieren. Auch an den Aussteller, Bezogenen, Akzeptanten oder einen früheren Indossanten kann der Wechsel gültig indossiert und von demselben weiter indossiert werden.[69], [70])

Art. 11.[71]) Das Indossament muß auf den Wechsel, eine Kopie desselben oder ein mit dem Wechsel oder der Kopie verbundenes Blatt (Allonge) geschrieben werden.

Art. 12.[71]) Ein Indossament ist gültig, wenn der Indossant auch nur seinen Namen oder seine Firma auf die Rückseite des Wechsels oder der Kopie oder auf die Allonge schreibt (Blanko-Indossament).

Art. 13.[71]) Jeder Inhaber eines Wechsels ist befugt, die auf demselben befindlichen Blanko-Indossamente auszufüllen; er kann den Wechsel aber auch ohne diese Ausfüllung weiter indossieren.

Art. 14. Der Indossant haftet jedem späteren Inhaber des Wechsels für dessen Annahme und Zahlung wechselmäßig. Hat er aber dem Indossamente die Bemerkung „ohne Gewährleistung", „ohne Obligo" oder einen gleichbedeutenden Vorbehalt hinzugefügt, so ist er von der Verbindlichkeit aus seinem Indossamente befreit.[72])

Art. 15. Ist in dem Indossamente die Weiterbegebung durch die Worte „nicht an Order" oder durch einen gleichbedeutenden Ausdruck

---

69) Dieser Artikel hat nicht etwa die Bedeutung, daß der, welcher an den Aussteller begibt, auf die Rechte gegen diesen verzichtet; er bestimmt nur die Zulässigkeit des Indossaments an den Aussteller, Bezogenen, Akzeptanten und früheren Indossanten und gibt solchem Indossament die gleiche rechtliche Wirkung wie dem gewöhnlichen. OHG **18** 413. — An den Akzeptanten kann der W wirksam nur bis zum Verfall giriert werden. OHG **25** 20.

70) Indossierung eines W an den Akzeptanten nach Verfall des W hat die Wirkung, daß die Wschuld des Akzeptanten untergeht und folglich auch alle Regreßverbindlichkeiten aus dem W erlöschen. Eine Abtretung der Rechte aus dem gegen den Aussteller erstrittenen Urteil an den Akzeptanten ist zulässig und läßt zunächst den WAnspruch gegen den Akzeptanten unberührt. Wenn er jedoch die durch Abtretung auf ihn übergegangene Wregreßforderung an den Aussteller geltend macht, so steht ihm die im Wrecht begründete Einrede entgegen, daß nach Einlösung des W er in seiner Eigenschaft als Akzeptant das Gezahlte werde erstatten müssen. RG **65** 120. Diese Arglisteinrede greift aber nicht durch, wenn nach dem der W-Akzeptierung zugrunde liegenden Rechtsverhältnis (Gefälligkeits-Akzept) der Aussteller nicht berechtigt sein würde, vom Akzeptanten Erstattung der im Regreßwege bezahlten W-Summe zu verlangen. RG **K 8** 388.

71) Die Art. 11 bis 13 kommen nach § 222 und § 365 HGB zur entsprechenden Anwendung.

72) Wenn der Trassant eines W an eigene Order seinem ersten Indossament die Bemerkung: ohne Obligo beifügt (Art. 14), bleibt er doch als Aussteller regreßpflichtig. OHG **1** 97. RG **18** 112.

verboten,[73]) so haben diejenigen, an welche der Wechsel aus der Hand des Indossatars gelangt, gegen den Indossanten keinen Regreß.

Art. 16. Wenn ein Wechsel indossiert wird, nachdem die für die Protesterhebung mangels Zahlung bestimmte Frist abgelaufen ist, so erlangt der Indossatar die Rechte aus dem etwa vorhandenen Akzepte gegen den Bezogenen und Regreßrechte gegen diejenigen, welche den Wechsel nach Ablauf dieser Frist indossiert haben.[74—76])

Ist aber der Wechsel vor dem Indossamente bereits mangels Zahlung protestiert worden,[77],[78]) so hat der Indossatar nur die Rechte seines Indossanten gegen den Akzeptanten, den Aussteller und diejenigen, welche den Wechsel bis zur Protesterhebung indossiert haben. Auch ist in einem solchen Falle der Indossant nicht wechselmäßig verpflichtet.[79—84])

Vgl. Art. 49, 81. Betreffs des Ausstellers vgl. Note 59 zu Art. 8.

73) Aus der Überschrift: Depot-W kann eine Unzulässigkeit der Indossierung nicht abgeleitet werden. OHG **13** 412.

74) Der solchergestalt begebene W nimmt die Natur des Sichtw an und ist nach Analogie eines solchen zu behandeln. OHG **6** 99.

75) Das Nachindossament (d. h. Indossament nach Verfall) eines eigenen, nicht protestierten W gewährt dem Giratar selbständige Rechte gegen den Aussteller. OHG **7** 316.

76) Die Rechte können nicht nur durch Nachindossament, sondern auch durch einfache Abtretung und Übergabe des W ohne weitere Förmlichkeiten übertragen werden. RG, R **8** 388.

77) Nur der Protest hat diese Wirkung (nicht vorherige Einklagung). OHG **12** 154.

78) Der Protest muß rechtzeitig innerhalb der Frist des Art. 41 Abs. 2 erhoben sein; ein späterer Protest ist nicht geeignet, den W als protestiert bezeichnen zu lassen, auch nicht dem Akzeptanten gegenüber. RG **1** 293.

79) Ein solches Indossament ist also kein eigentliches, sondern nur eine Übertragung der Rechte des Indossanten, eine Zession seiner Regreßrechte und des Anspruchs gegen den Akzeptanten, mithin können dem Indossatar alle Einreden entgegengehalten werden, welche dem Beklagten gegen den Indossanten zustehen (OHG **8** 164), oder gegen einen Zwischenindossanten (RG **14** 105), er hat kein Klagerecht gegen den Indossanten (OHG **18** 4), und wenn dieser auch zugleich Aussteller war, so haftet er doch nicht etwa als solcher. OHG **21** 273.

80) Das nach Protest gegebene Indossament ist zwar in seiner Wirkung beschränkt, hat aber gleichwohl, insbesondere für die Legitimation, die Bedeutung eines Indossaments und nicht die einer Zession. RG **23** 49. (Der Remittent, welcher den W nach Protest indossiert und vom Indossatar zurückerhalten hatte, durfte die Indossamente streichen (Art. 54, 55 WO) und damit die Übertragung ungeschehen machen; er blieb als Remittent zur Klage legitimiert und durfte das diesem zustehende WRecht ausüben.)

81) Vgl. Note 70 zu Art. 10.

Art. 17. Ist dem Indossamente die Bemerkung „zur Einkassierung“, „in Prokura“ oder eine andere die Bevollmächtigung ausdrückende Formel beigefügt worden,[85]) so überträgt das Indossament das Eigentum an dem Wechsel nicht, ermächtigt aber den Indossatar zur Einziehung der Wechselforderung,[86], [87]) Protesterhebung[88]) und Benachrichtigung des Vormanns seines Indossanten von der unterbliebenen Zahlung (Art. 45) sowie zur Einklagung der nicht bezahlten und zur Erhebung der deponierten Wechselschuld. Ein solcher Indossatar ist auch berechtigt, diese Befugnis durch ein weiteres Prokura-Indossament einem anderen zu übertragen. Dagegen ist derselbe zur weiteren Begebung durch eigentliches Indossament selbst dann nicht befugt, wenn dem Prokura-Indossamente der Zusatz „oder Order“ hinzugefügt ist.

---

82) Der protestierte W ist, wie sich aus Art. 16 Abs. 2 WO ergibt, kein Umlaufpapier mehr; sein Gegenstand sind nur noch die durch den Protest festgelegten Regreßrechte nebst dem Anspruch gegen den Akzeptanten, über die nur durch Nachindossament – das den Nachindossatar dem Zessionar gleichstellt, und durch Zession verfügt werden kann. RG **55** 323.

83) Die Legitimation eines WErwerbers nach Verfall und Protest kann nicht durch ein vor Verfall erteiltes Blankoindossament hergestellt werden. RG **2** 75, **74** 208.

Über die Legitimation des Regreßnehmers oder des Inhabers nach erfolgter Einlösung vgl. Art. 41. Diese legitimieren sich durch den Besitz des W und den Protest, aus welchem ihr Eintritt in den Lauf des W vor der Protesterhebung ersichtlich wird.

84) Ein Vollindossatar ist nicht berechtigt, auf Grund des Vollindossaments den W gegen den Akzeptanten mit der Erklärung, das Vollindossament eines Vormannes sei in Wirklichkeit nur ein Prokuraindossament, als Bevollmächtigter dieses Vormannes einzuklagen. RG **27** 128.

85) Das Prokuraindossament kann, was das innere Verhältnis zwischen dem Indossanten und dem Indossatare anlangt, an sich von dem ersteren jederzeit widerrufen werden. Soweit aber dritten Personen gegenüber die gesetzlichen Befugnisse des Prokuraindossatars reichen, erscheint dieser, solange das Prokuraindossament formell — ausweislich der WUrkunde — besteht, als ausschließlich legitimiert, die Rechte aus dem W geltend zu machen. RG **32** 75. (Der Indossant kann deshalb den Protest nicht erheben lassen, vgl. die Noten zu Art. 36.)

86) Der durch reines Indossament legitimierte Indossatar gilt Dritten gegenüber als berechtigter WGläubiger, was auch zwischen ihm und dem Indossanten verabredet sein mag; der Gegenbeweis, auch der des Scheingeschäfts ist ausgeschlossen. OHG **6** 45. Das Urteil gegen ihn wirkt auch gegen den Indossanten. RG **88** 293.

Wegen des Einwandes der Arglist siehe Art. 82.

Prozeßpartei ist der Prokuraindossant. Z. B. OHG **22** 174.

87) Der klagende Inkassomandatar muß sich alle Einreden gefallen lassen, die seinem Mandanten entgegengehalten werden könnten, wenn er klagen würde. RG, **K 4** 236.

88) Zu dieser ist er als Mandatar verpflichtet, sonst macht er sich regreßpflichtig. OHG **17** 413.

IV. Präsentation zur Annahme.

Art. 18. Der Inhaber eines Wechsels ist berechtigt, den Wechsel dem Bezogenen sofort zur Annahme zu präsentieren und in Ermangelung der Annahme Protest erheben zu lassen. Eine entgegenstehende Übereinkunft hat keine wechselrechtliche Wirkung. Nur bei Meß- oder Marktwechseln findet eine Ausnahme dahin statt, daß solche Wechsel erst in der an dem Meß- oder Marktorte gesetzlich bestimmten Präsentationszeit zur Annahme präsentiert und in Ermangelung derselben protestiert werden können. Der bloße Besitz des Wechsels ermächtigt zur Präsentation des Wechsels und zur Erhebung des Protestes mangels Annahme.

Art. 19. Eine Verpflichtung[89]) des Inhabers, den Wechsel zur Annahme zu präsentieren, findet nur[90]) bei Wechseln statt, welche auf eine bestimmte Zeit nach Sicht lauten. Solche Wechsel müssen bei Verlust des wechselmäßigen Anspruchs gegen die Indossanten und den Aussteller nach Maßgabe der besonderen im Wechsel enthaltenen Bestimmung und in Ermangelung derselben binnen zwei Jahren nach der Ausstellung zur Annahme präsentiert werden.[91]) Hat ein Indossant auf einem Wechsel dieser Art seinem Indossament eine besondere Präsentationsfrist hinzugefügt, so erlischt seine wechselmäßige Verpflichtung, wenn der Wechsel nicht innerhalb dieser Frist zur Annahme präsentiert worden ist.

Art. 20. Wenn die Annahme eines auf bestimmte Zeit nach Sicht gestellten Wechsels nicht zu erhalten ist oder der Bezogene die Datierung seines Akzepts verweigert, so muß der Inhaber bei Verlust des wechselmäßigen Anspruchs gegen die Indossanten und den Aussteller die rechtzeitige Präsentation des Wechsels durch einen innerhalb der Präsentationsfrist (Art. 19)[92]) erhobenen Protest feststellen lassen.

---

89) Bei unterlassener Vorlegung geht nur der Regreßanspruch, nicht der Anspruch gegen den Akzeptanten verloren, diesem gegenüber tritt die Fälligkeit zwei Jahre nach der Ausstellung ein. OHG **16** 346.

Ebenso bei einfachen (d. h. nicht auf eine bestimmte Zeit nach Sicht gestellten) Sichtw. OHG **11** 47.

90) Vgl. aber auch Art. 24 Abs. 2.

91) Die Präsentation muß im Wohnort, nicht im Domizil geschehen (da der Domizilvermerk an sich lediglich die Zahlung, nicht auch anderweitige WAkte betrifft), falls nicht im W etwas anderes angeordnet ist. OHG **10** 49.

92) Dies gilt nur für die Präsentation zur Annahme befristeter, nicht für Präsentation zur Zahlung einfacher Sichtw. (diese, als bei Vorzeigung fällig, müssen nach Art. 41 binnen 2 Tagen protestiert werden). OHG **6** 99.

Der Protesttag gilt in diesem Falle für den Tag der Präsentation.

Ist die Protesterhebung unterblieben, so wird gegen den Akzeptanten, welcher die Datierung seines Akzepts unterlassen hat, die Verfallzeit des Wechsels vom letzten Tage der Präsentationsfrist an gerechnet.[93])

V. Annahme (Akzeptation).

Art. 21. Die Annahme des Wechsels muß auf dem Wechsel schriftlich geschehen.[94—96])

Jede auf den Wechsel geschriebene und von dem Bezogenen unterschriebene Erklärung gilt für eine unbeschränkte Annahme, sofern nicht in derselben ausdrücklich ausgesprochen ist, daß der Bezogene entweder überhaupt nicht oder nur unter gewissen Einschränkungen annehmen wolle.

Gleichergestalt gilt es für eine unbeschränkte Annahme, wenn der Bezogene ohne weiteren Beisatz seinen Namen oder seine Firma auf die Vorderseite des Wechsels schreibt.

Die einmal erfolgte Annahme kann nicht wieder zurückgenommen werden.[97—100, 1—16a])

---

93) Es ist nicht zulässig, nachzuweisen, daß eine frühere Präsentation stattgefunden habe. OHG **20** 173.

94) Über Nichtübereinstimmung der Adresse und des Annahmevermerks vgl. Anm. 38 ff. zu Art. 4.

95) Ist die Firma des Akzeptanten unvollständig gezeichnet, so kommt es darauf an, ob nach den Umständen des Falls der Wille des Akzeptanten, seine Firma zu zeichnen, bei einer Gesellschaft also der Wille, die Gesellschaftsfirma zu zeichnen, in der Unterschrift unzweideutig zum Ausdruck gelangt ist. Dies ist bejaht, als die Firma „J. C. Rahn u. Schmid in T." bezogen war, während bezogen werden sollte die Handelsgesellschaft: Oberfränkische Fenster- und Maschinenfabrik des C. Rahn u. Schmid, da die Gesellschaft sich dieser Abkürzung auch sonst im Geschäftsverkehr bedient hatte und eine ähnlich lautende Firma an dem Orte nicht bestand. RG, **K 3** 236.

96) Eine gültige Namensunterschrift im Sinne des § 126 Abs. 1 BGB liegt auch dann vor, wenn der Aussteller der Urkunde, der die Willenserklärung in Vertretung eines anderen abgibt, nur mit dem Namen dieses anderen, des Vertretenen, unterzeichnet. RG **50** 51. Beim Vorhandensein zweier Vertreter genügt Unterschrift des einen, wenn der andere sie auch nur nachträglich genehmigt. Die Genehmigung braucht nicht aus dem W selbst hervorzugehen. RG **118** 170.

97) Zur Herbeiführung der verpflichtenden Kraft des Akzeptes bedarf es nicht eines Begebungsvertrages zwischen Akzeptanten und Aussteller. Ein Wechsel, den ein Vertreter im eigenen Namen auf den Vertretenen zieht, kann von ihm im Namen des Vertretenen akzeptiert werden, ebenso kann der Vertretene Aussteller, der Vertreter Bezogener sein; 181 BGB ist nicht anwendbar. RG **9** 57; **24** 87; **77** 141.

98) Ein WAkzept kann nur von dem in gehöriger Weiſe Bezogenen gültig vollzogen werden. RG **14** 17; **70** 210; vgl. Note 36ff. zu Art. 4 Nr. 7.

Blanko-Akzepte, teilweiſe ausgefüllte W. 99—13).

99) Durch die Hingabe eines Blanko-Akzepts erwirbt der Empfänger regelmäßig unwiderruflich ein vom Einſpruch des Gebers nicht mehr abhängiges, nicht auf ſeine Perſon beſchränktes, ſondern auf ſeine Rechtsnachfolger übergehendes Vermögensrecht, durch Ausfüllung des Blanketts einen allen geſetzlichen Erforderniſſen entſprechenden W herzuſtellen; er braucht zur Begründung ſeines Anſpruches nicht noch zu beweiſen, daß er zur Ausfüllung in der geſchehenen Art ermächtigt war. Der Akzeptant muß demgegenüber die Einrede der Argliſt darlegen und beweiſen, d. h. daß der Nehmer dem Wechſel einen von der erteilten Erlaubnis abweichenden Inhalt gegeben hat. OHG **21** 342, RG **8** 57.

100) Sobald aber der Empfänger des Blankoakzepts es einmal ausgefüllt und einen vollſtändigen W hergeſtellt hat, iſt ſeine Ermächtigung erſchöpft und er darf nicht nachträglich wieder Änderungen oder Zuſätze machen. OHG **14** 328; RG **9** 135. Jede ſpätere Veränderung des Wechſelinhaltes ohne Einwilligung des Akzeptanten iſt eine Verfälſchung des W. RG **53** 261.

1) Der Empfänger iſt, falls nicht anderes verabredet iſt, befugt, das Blanko-Akzept unausgefüllt (oder nach unvollſtändiger Ausfüllung RG **32** 69) weiter zu begeben und die Ausfüllung dem ſpäteren Nehmer zu überlaſſen. RG **8** 57. Auch nach Proteſterhebung und Zuſtellung der Klage iſt die Ausfüllung noch zuläſſig, auch noch in der zweiten Inſtanz. RG **108** 389.

2) Die Ausfüllung darf auch geſchehen: durch den Konkursverwalter, OHG **17** 211, durch die Erben, OHG **14** 54, nach dem Tode des Blanko-Akzeptanten, auch mit einem dem Todestage nachfolgenden Ausſtellungsdatum, RG **33** 44, nach dem Fälligkeitstage, der Verfalltag darf aber nicht vor dem Tage der Ausſtellung oder Annahme liegen. RG, K **3** 235, vgl. Note 19 zu Art. 4.

3) Die vertragswidrige Ausfüllung des Blanketts beſeitigt nicht die Gültigkeit des W; ſie kann vom Akzeptanten nicht jedem Nehmer gegenüber geltend gemacht werden, ſondern nur gegenüber dem bösgläubigen, d. h. demjenigen, der ſelbſt die Ausfüllung widerrechtlich bewirkte oder an der vertragswidrigen Ausfüllung teilnahm, oder den bereits ausgefüllten Wechſel in Kenntnis der vertragswidrigen Ausfüllung erwarb. OHG **6** 45; RG **19** 136; **83** 103. Beweispflichtig für vertragswidrige Ausfüllung iſt der Akzeptant. JW 1925 S. 787.

4) Hat aber der Erwerber eines Blanko-Akzepts mit ihm zugleich die Forderung abgetreten erhalten, zu deren Deckung ſein Vormann das Akzept empfing, ſo ſind ihm gegenüber die Einreden, die ſeinem Vormann entgegenſtehen, zuläſſig. RG **68** 422; **83** 103.

5) Demjenigen, der gutgläubig das Blanko-Akzept vom erſten Nehmer unausgefüllt erwirbt und dann gutgläubig den W herſtellt, kann nicht entgegengehalten werden, daß ſeinem Vormann Rechte aus dem W nicht zugeſtanden hätten. RG **65** 409. Vgl. auch Art. 82 Note 71.

6) Die Befugnis zur Ausfüllung des Blanketts erſtreckt ſich nur auf den regelmäßigen Inhalt eines W; Beifügung eines Domizilvermerks iſt nur zuläſſig, wenn dies dem Willen des Akzeptanten und des erſten Empfängers entſpricht. OHG **23** 211; RG **3** 60; **4** 410; RG, K **2** 153; **4** 273.

Art. 22. Der Bezogene kann die Annahme auf einen Teil der im Wechsel verschriebenen Summe beschränken.[17, 18, 18a)]

7) Die vertragswidrige Domizilierung gilt aber zugunsten desjenigen, der den Wechsel mit dem Domizilvermerk in gutem Glauben erwirbt. RG, K 2 153.

8) Die Befugnis zur Ausfüllung des Blanko-Akzeptes wird durch Änderungen in der Person des Schuldners, die nach Übergabe des Akzepts eintreten, Tod, Geschäftsunfähigkeit, Entmündigung, Konkurseröffnung nicht mehr geändert. Es kommt ausschließlich darauf an, ob zur Zeit der Übergabe des Blanko-Akzeptes unbeschränkte Geschäftsfähigkeit und Verfügungsbefugnis des Schuldners bestand. RG **58** 169.

9) Die Begebung eines von vornherein sich als vollständig darstellenden, jedoch in einem wesentlichen Punkte mangelhaften W begründet nicht die Vermutung, daß der Empfänger und dessen Nachmänner zur Beseitigung des Mangels ermächtigt seien. RG **32** 69.

10) Steht der Name des Gebers auf dem Blankett an einer Stelle, welche auf seine Absicht, nur als Aussteller unterschreiben zu wollen, schließen läßt, so enthält es eine Überschreitung der dem Nehmer erteilten Ermächtigung zur Ausfüllung desselben, wenn er seinen eigenen Namen als Aussteller über den Namen des Gebers schreibt und diesen, indem er dem W die Adresse des Gebers als Trassanten beifügt, in die Stellung des Akzeptanten verdrängt. RG **12** 119.

11) Die Übergabe eines in blanko akzeptierten eigenen W stellt sich ebenso wie die Übergabe eines Blanko-Akzeptes als Ermächtigung zur Herstellung einer WObligation dar. RG **23** 109.

12) Blanko-Akzepte können aufgeboten werden, s. zu Art. 73.

13) Die Verjährung beginnt mit dem im ausgefüllten W angegebenen Verfalltage. RG **58** 186.

Gefälligkeits-Akzepte. 14—16)

14) Gefälligkeits-Akzept in der unter Kaufleuten üblichen Bedeutung heißt, daß der W von dem Beklagten aus bloßer Gefälligkeit gegen den Kläger, um demselben Kredit zu verschaffen, akzeptiert worden, wobei Kläger, ausdrücklich oder stillschweigend, die Verpflichtung übernommen hat, dem Beklagten bis zum Verfall Deckung zu gewähren oder den W zur Verfallzeit einzulösen. Dann steht der Klage aus dem der Annahme zugrunde liegenden Rechtsgeschäfte eine wirksame Einrede entgegen und Kläger ist nicht berechtigt, den Beklagten aus seinem Akzept zu belangen. OHG **14** 225.

15) Wenn der WGläubiger im Konkurse des Ausstellers seine Ansprüche geltend macht, kann der Gefälligkeitsakzeptant seine Erstattungsansprüche nicht auch geltend machen. RG **14** 172; **32** 87; **42** 35.

16) Der Gefälligkeitsakzeptant braucht nicht mit Zahlung der Wsumme in Vorschuß zu gehen, er kann auch die Kosten eines gegen ihn geführten Rechtsstreites, den er nicht unnötig verteuert, erstattet verlangen. RG **77** 30.

16a) Der Unterzeichner eines Gefälligkeitsakzeptes oder -Giros geht mit der Abgabe seiner Unterschrift eine ihn dem Erwerber des W gegenüber bindende WVerpflichtung ein. Kenntnis des Erwerbers von der Entstehungsgeschichte des Gefälligkeitsakzeptes oder -Giros beeinträchtigt seine Rechte nicht. RG **117** 76.

17) Auch die Bürgschaft (Art. 81) darf auf einen Teil beschränkt werden. OHG **12** 255.

Werden dem Akzept andere Einschränkungen beigefügt, so wird der Wechsel einem solchen gleichgeachtet, dessen Annahme gänzlich verweigert worden ist, der Akzeptant haftet aber nach dem Inhalte seins Akzeptes wechselmäßig.

Art. 23. Der Bezogene[19, 20]) wird durch die Annahme[21, 22]) wechselmäßig verpflichtet, die von ihm akzeptierte Summe[23—25]) zur Verfallzeit zu zahlen.

Auch dem Aussteller haftet der Bezogene aus dem Akzepte wechselmäßig.[26])

---

18) Der Zusatz, daß „nicht an Order" gehaftet werde, bildet eine zulässige Einschränkung des Akzepts. OHG **14** 60.

18a) Der Bezogene kann vermerken, daß er nur bei fristgemäßer Vorlegung des W haften will. Dann wird er von der Verpflichtung befreit, wenn die Vorlegung nicht rechtzeitig erfolgt. RG **119** 427.

19) Der nicht bezogene Allein-Akzeptant wird nicht verpflichtet (vgl. Art. 81); OHG **15** 346. Ist auf eine offene Handelsgesellschaft gezogen und hat ein Gesellschafter unter seinem Personennamen akzeptiert, so ist weder er noch die Gesellschaft verhaftet. OHG **20** 262. Ein Akzept ist ungültig, wenn der W auf eine offene Handelsgesellschaft gezogen und von einer Aktiengesellschaft akzeptiert ist. RG **35** 38. (Der W war gezogen auf: Mrs. P. & Co., akzeptiert: P. & Company Engineers limited t. V. Fr. W.)

20) Ein auf C. T. F. Keck gezogener W war von dem zur Zeichnung der Gesellschaft C. T. F. Keck u. Co. berechtigten C. T. F. Keck mit C. T. F. Keck u. Co. akzeptiert worden, ein gültiges Akzept dieser Firma lag nicht vor, eine Verpflichtung des C. T. F. Keck trat nicht ein, da das Akzept des Nichtbezogenen eine Wverpflichtung nicht erzeugt. RG **70** 208. Vgl. Note 38 zu Art. 4. Für schlagwortartige Bezeichnung vgl. RG **119** 202.

21) Wird dargetan, daß die Annahme vor dem WDatum erfolgt sei, so ist nicht die Zeit des WDatums, sondern die Zeit der Annahme für die Beurteilung der verbindenden Kraft maßgebend. RG **11** (8).

22) Der Akzeptant haftet dem, der sich wrechtlich als Eigentümer des W legitimieren wird; wie diese Legitimation vom Inhaber zu führen ist, ist im Art. 36 vorgeschrieben. OHG **23** 356.

23) Die Verpflichtung des Akzeptanten wird inhaltlich eine andere, je nachdem er vom Inhaber des W zur Zeit der Fälligkeit oder von einem Vormann desselben, der den W im Regreßwege eingelöst hat, in Anspruch genommen wird. Dem Inhaber haftet der Akzeptant auf Zahlung der Wsumme; dem einlösenden Vormanne auf Vergütung alles dessen, was dieser hat zahlen müssen, weil er selbst nicht bezahlt hat. OHG **24** 1 (5).

24) Diese Bestimmung erhält durch Art. 81 Satz 2 eine wichtige Ergänzung. Wegen Verzugszinsen siehe Art. 50.

25) Der durch Gewohnheitsrecht festgestellte Zinssatz von sechs Prozent des Akzeptanten ist auch nach dem 1. I. 00 geblieben (Art. 2 EinfG z. BGB). RG, **K 1** 65. Vgl. jetzt Ges. v. 3. VII. 25. (Bei Art. 50.)

26) Nicht etwa nur dann, wenn der Aussteller nach Art. 10 als Indossatar auftritt, sondern auch wenn dies nicht der Fall ist. OHG. **7** 288.

Dagegen steht dem Bezogenen kein Wechselrecht gegen den Aussteller zu.[27])

Art. 24.[28]) Ist in dem Wechsel ein vom Wohnorte[29]) des Bezogenen verschiedener Zahlungsort (Art. 4 Nr. 8) angegeben (Domizilwechsel),[30—32]) so ist, insofern der Wechsel nicht schon ergibt, durch wen die Zahlung am Zahlungsort erfolgen soll, dies vom Bezogenen bei der Annahme auf dem Wechsel zu bemerken.[33]) Ist dies nicht geschehen, so wird angenommen, daß der Bezogene selbst die Zahlung leisten wolle.

Der Aussteller eines Domizilwechsels kann in demselben die Präsentation zur Annahme vorschreiben. Die Nichtbeobachtung dieser Vorschrift hat den Verlust des Regresses gegen den Aussteller und die Indossanten zur Folge.

VI. Regreß auf Sicherstellung.

1. Wegen nicht erhaltener Annahme.

Art. 25. Wenn die Annahme eines Wechsels überhaupt nicht oder unter Einschränkungen oder nur auf eine geringere Summe erfolgt ist, so sind die Indossanten und der Aussteller wechselmäßig verpflichtet, gegen Aushändigung des mangels Annahme aufgenommenen Protestes

27) Der Akzeptant muß zur Begründung der Revalierungsklage (der Klage auf Deckung) sein Klagerecht begründen, die Berufung auf den W allein enthält eine solche Berufung nicht. Z. B. OHG **10** 284.

28) Vgl. Art. 43 (Protest bei domizilierten W).

29) Wohnort, nicht etwa Wohnung in demselben Ort. OHG **18** 146. Die Verschiedenheit des Wohnortes und des Zahlungsortes muß aus dem W selbst ersichtlich sein. RG **98** 105.

30) Ein W ist nur dann Domizilw, wenn in ihm vom Aussteller (siehe Note 32) ein vom Wohnort des Bezogenen verschiedener Zahlungsort angegeben ist. Die bloße Angabe, daß bei einer anderen Person zu zahlen sei, reicht nicht hin, um einen Domizilw zu begründen. OHG **5** 99 (sogenannter uneigentlicher Domizilw). Der Zusatz bei Benennung des in F. wohnhaften Trassaten „zahlbar an der Gewerbskasse in L." kann nur dahin gedeutet werden: „zahlbar an dieser Kasse durch den hierzu berufenen Vertreter oder Angestellten der Genossenschaft" und enthält mithin einen Domizilvermerk. RG **1** 17.

31) Der Vermerk: „in München zahlbar S.straße 15 Hotel Reichshof" enthält nicht die Benennung eines bestimmten Domiziliaten. RG **48** 319.

32) Fügt der Akzeptant dem Akzepte einen Zahlungsort bei, so ist dies ein beschränktes Akzept; ein Domizilw entsteht dadurch nicht. OHG **25** 122.

33) Wenn ein Domizilvermerk wider Wissen und Willen des Ausstellers beigefügt wird, so ist der W diesem gegenüber, als wesentlich geändert, gefälscht. OHG **3** 51. Der Aussteller ist aus einem solchen nicht gebunden. RG, K **8** 390.

genügende Sicherheit dahin zu leisten, daß die Bezahlung der im Wechsel verschriebenen Summe oder des nicht angenommenen Betrags sowie die Erstattung der durch die Nichtannahme veranlaßten Kosten am Verfalltag erfolgen werde.

Jedoch sind diese Personen auch befugt, auf ihre Kosten die schuldige Summe bei Gericht oder bei einer anderen zur Annahme von Depositen ermächtigten Behörde oder Anstalt niederzulegen.

Art. 26. Der Remittent sowie jeder Indossatar wird durch den Besitz des mangels Annahme aufgenommenen Protestes ermächtigt, von dem Aussteller und den übrigen Vormännern Sicherheit zu fordern und im Wege des Wechselprozesses darauf zu klagen.

Der Regreßnehmer ist hierbei an die Folgeordnung der Indossamente und die einmal getroffene Wahl nicht gebunden.

Der Beibringung des Wechsels und des Nachweises, daß der Regreßnehmer seinen Nachmännern selbst Sicherheit bestellt habe, bedarf es nicht.

Art. 27. Die bestellte Sicherheit haftet nicht bloß dem Regreßnehmer, sondern auch allen übrigen Nachmännern des Bestellers insofern sie gegen ihn den Regreß auf Sicherstellung nehmen. Dieselben sind weitere Sicherheit zu verlangen nur in dem Falle berechtigt, wenn sie gegen die Art oder Größe der bestellten Sicherheit Einwendungen zu begründen vermögen.

Art. 28. Die bestellte Sicherheit muß zurückgegeben werden:

1. sobald die vollständige Annahme des Wechsels nachträglich erfolgt ist;
2. wenn gegen den Regreßpflichtigen, welcher sie bestellt hat, binnen Jahresfrist, vom Verfalltage des Wechsels an gerechnet, auf Zahlung aus dem Wechsel nicht geklagt worden ist;
3. wenn die Zahlung des Wechsels erfolgt oder die Wechselkraft desselben erloschen ist.

2. Wegen Unsicherheit des Akzeptanten.

Art. 29. Ist ein Wechsel ganz oder teilweise angenommen worden, so kann in betreff der akzeptierten Summe Sicherheit nur gefordert werden:

1. wenn über das Vermögen des Akzeptanten der Konkurs eröffnet worden ist oder der Akzeptant auch nur seine Zahlungen eingestellt hat;

2. wenn nach Ausstellung des Wechsels eine Exekution in das Vermögen des Akzeptanten fruchtlos ausgefallen ist.

Wenn in diesen Fällen die Sicherheit von dem Akzeptanten nicht geleistet und dieserhalb Protest gegen denselben[34]) erhoben wird, auch von den auf dem Wechsel etwa benannten Notadressen die Annahme nach Ausweis des Protestes nicht zu erhalten ist, so kann der Inhaber des Wechsels und jeder Indossatar gegen Auslieferung des Protestes von seinen Vormännern Sicherstellung fordern (Art. 25—28)[35], [36]). Der bloße Besitz des Wechsels vertritt die Stelle einer Vollmacht, in den Nr. 1 und 2 genannten Fällen von dem Akzeptanten Sicherheitsbestellung zu fordern und, wenn solche nicht zu erhalten ist, Protest erheben zu lassen.

Der Wechselinhaber ist berechtigt, in den Nr. 1 und 2 genannten Fällen auch von dem Akzeptanten im Wege des Wechselprozesses,[37], [38]) Sicherheitsbestellung zu fordern.

VII. Erfüllung der Wechselverbindlichkeit.

1. Zahlungstag.

Art. 30. Ist in dem Wechsel ein bestimmter Tag als Zahlungstag bezeichnet, so tritt die Verfallzeit an diesem Tage ein.[39]) Ist die Zahlungszeit auf die Mitte eines Monats gesetzt worden, so ist der Wechsel am 15. dieses Monats fällig. Ist die Zahlungszeit auf Anfang oder ist sie auf Ende eines Monats gesetzt worden, so ist darunter der erste oder letzte Tag des Monats zu verstehen.

---

34) Im Wohnort, nicht im Domizil, vgl. Note 91 zu Art. 19.

35) Nur in dem Zeitraume vor der Fälligkeit des W, also solange eine Klage auf Zahlung nicht zulässig ist, darf die Bestellung einer besonderen Sicherheit gefordert werden. RG **39** 122.

36) Art. 28 Nr. 2 und 3 findet hierbei Anwendung. Erk. des OberTrib. v. 20. III. 71, Striethorst Archiv **81** 236.

37) Nach §§ 602 ff. ZPO, welche trotz § 592 ZPO (der den Urkundenprozeß nur für Ansprüche auf Zahlung einer bestimmten Geldsumme oder Leistung einer bestimmten Qualität anderer vertretbarer Sachen oder Wertpapiere zuläßt) anwendbar sind, vgl. Rehbein WO 8. Aufl. 08 179 Anm. II 2b.

38) Der Klageantrag lautet auf „genügende Sicherheit". Vollstreckung nach § 885 ZPO KGBl. **1912** 36.

39) Ausnahmen in Art. 92 (für Sonn- und Feiertage) und Art. 93 (für Kassiertage). Vgl. auch Art. 98 Nr. 5 (in betreff eigener W).

Art. 31. Ein auf Sicht geſtellter Wechſel iſt bei der Vorzeigung fällig.[40]) Ein ſolcher Wechſel muß bei Verluſt des wechſelmäßigen Anſpruchs gegen die Indoſſanten und den Ausſteller[41]) nach Maßgabe der beſonderen im Wechſel enthaltenen Beſtimmung[41a]) und in Ermangelung derſelben binnen zwei Jahren nach der Ausſtellung zur Zahlung präſentiert werden. Hat ein Indoſſant auf einem Wechſel dieſer Art ſeinem Indoſſament eine beſondere Präſentationsfriſt hinzugefügt, ſo erliſcht ſeine wechſelmäßige Verpflichtung, wenn der Wechſel nicht innerhalb dieſer Friſt präſentiert worden iſt.

Art. 32. Bei Wechſeln, welche mit dem Ablauf einer beſtimmten Friſt nach Sicht oder nach Dato zahlbar ſind, tritt die Verfallzeit ein:

1. wenn die Friſt nach Tagen beſtimmt iſt, an dem letzten Tage der Friſt; bei Berechnung der Friſt wird der Tag, an welchem der nach Dato zahlbare Wechſel ausgeſtellt oder der nach Sicht zahlbare zur Annahme präſentiert iſt, nicht mitgerechnet;
2. wenn die Friſt nach Wochen, Monaten oder einem mehrere Monate umfaſſenden Zeitraume (Jahr, halbes Jahr, Vierteljahr) beſtimmt iſt, an demjenigen Tage der Zahlungswoche oder des Zahlungsmonats, der durch ſeine Benennung oder Zahl dem Tage der Ausſtellung oder Präſentation entſpricht; fehlt dieſer Tag in dem Zahlungsmonate, ſo tritt die Verfallzeit am letzten Tage des Zahlungsmonats ein.

Der Ausdruck „halber Monat" wird einem Zeitraume von 15 Tagen gleichgeachtet. Iſt der Wechſel auf einen oder mehrere ganze Monate und einen halben Monat geſtellt, ſo ſind die 15 Tage zuletzt zu zählen.

Art. 33. Reſpekttage[42]) finden nicht ſtatt.

---

40) Die Verjährung läuft von der Vorzeigung ab; erfolgt dieſe nicht, ſo gilt der W als vom Ablauf der zwei Jahre des zweiten Satzes ab fällig (OHG **14** 31) und die Verjährung läuft von dieſem Zeitpunkte ab. **11** 47.

41) Nicht aber gegen den Akzeptanten und nicht gegen den Ausſteller eines eigenen Sichtw. OHG **5** 314. Dieſe bleiben bis zum Ablauf der Verjährungszeit (nach Anm. 40) verhaftet. RG **3** 6.

41a) Beim Sichtw kann der Zahlungsanweiſung an den Bezogenen die Bedingung zugefügt werden, daß Zahlung nur bei Vorlegung bis zu einem beſtimmten Tage erfolgen ſoll. (Der W lautete: „Auf Sicht zahlen Sie gegen dieſen W an den ......, ſofern die Vorzeigung bis zum 10. Auguſt 1925 erfolgt die Summe von ..... RM.) RG **109** 425.

42) Reſpekttage, d. h. dem WAkzeptanten nach manchen Rechten zuſtehende kurze Friſten zur Verbeſſerung von Irrtümern, Nachläſſigkeiten und augenblicklichen Verlegenheiten. OHG **1** 288.

Art. 34. Ist in einem Lande, in welchem nach altem Stile gerechnet wird, ein im Inlande zahlbarer Wechsel nach Dato ausgestellt, und dabei nicht bemerkt, daß der Wechsel nach neuem Stile datiert sei, oder ist derselbe nach beiden Stilen datiert, so wird der Verfalltag nach demjenigen Kalendertage des neuen Stiles berechnet, welcher dem nach altem Stile sich ergebenden Tage der Ausstellung entspricht.

Art. 35. Meß- oder Marktwechsel werden zu der durch die Gesetze des Meß- oder Marktorts bestimmten Zahlungszeit und in Ermangelung einer solchen Festsetzung an dem Tage vor dem gesetzlichen Schlusse der Messe oder des Marktes fällig. Dauert die Messe oder der Markt nur einen Tag, so tritt die Verfallzeit des Wechsels an diesem Tage ein.

2. Zahlung.

Art. 36.[43], [44]) Der Inhaber[45]) eines indossierten Wechsels wird durch eine zusammenhängende, bis auf ihn hinuntergehende Reihe von In-

43) Art. 36 kommt in den Fällen des § 222 und § 365 HGB zur entsprechenden Anwendung.

44) Aus den Art. 36, 74, 76 u. 82 WO. ergeben sich folgende in Wissenschaft und Rechtsprechung feststehende Sätze:

1. Der Inhaber eines indossierten W wird durch eine zusammenhängende, bis auf ihn hinuntergehende Reihe von Indossamenten als Eigentümer legitimiert. Der Wschuldner ist der Regel nach befugt, sich mit dieser formellen Legitimation des Wgläubigers zu begnügen. Er braucht insonderheit die Echtheit der Indossamente nicht zu prüfen und kann an den formell legitimierten Vorzeiger der Urkunde mit befreiender Wirkung zahlen.

2. Die formelle Legitimation begründet indes nur eine Vermutung für den rechtmäßigen, d. h. gutgläubigen Erwerb des W. Der Schuldner kann diese Vermutung entkräftigen, zwar nicht durch den bloßen Nachweis, daß sich unter den vorangegangenen Unterschriften falsche oder verfälschte befänden, wohl aber durch den Nachweis, daß der formell legitimierte Inhaber den W in bösem Glauben oder in grober Fahrlässigkeit von einem zu dessen Begebung nicht Berechtigten erworben habe.

3. Ist die Bekämpfung des Vorzeigers der Urkunde der Regel nach nur ein Recht des Schuldners, so kann sie unter Umständen auch zu einer Pflicht werden. Insbesondere besteht eine solche Pflicht nach dem allgemeinen Grundsatze von Treu und Glauben im Verkehr gegenüber dem wahren Eigentümer des W. Dies ist aber nur dann der Fall, wenn der Schuldner weiß oder wissen muß, daß der Vorzeiger den W bösgläubig oder grob fahrlässig erworben hat. Leistet der Wschuldner auch beim Vorliegen dieser Voraussetzungen gleichwohl Zahlung an den Präsentanten, so kann er selbst nicht als gutgläubig erachtet werden und läuft Gefahr, dem Eigentümer nochmals Zahlung leisten zu müssen. RG **53** 204.

45) Die Behauptung und der Nachweis der Übergabe des Konnossements (W) erscheint deshalb als entbehrlich, weil allemal, wenn ein durch Orderpapier als Gläubiger

doſſamenten als Eigentümer des Wechſels legitimiert.[46]) Das erſte Indoſſament muß demnach mit dem Namen des Remittenten,[47]) jedes folgende Indoſſament mit dem Namen desjenigen unterzeichnet ſein, welchen das unmittelbar vorhergehende Indoſſament als Indoſſatar benennt. Wenn auf ein Blanko-Indoſſament ein weiteres Indoſſament folgt, ſo wird angenommen, daß der Ausſteller des letzteren den Wechſel durch das Blanko-Indoſſament erworben hat. Ausgeſtrichene Indoſſamente werden bei Prüfung der Legitimation als nicht geſchrieben angeſehen. Die Echtheit der Indoſſamente zu prüfen, iſt der Zahlende nicht verpflichtet.[48—56])

Legitimierter dasſelbe beſitzt, vermutet wird, daß er durch Übergabe in den Beſitz desſelben gelangt ſei. RG **4** 145 (147).

46) Die Legitimation iſt eine rein formale; es ſteht dem Akzeptanten nicht zu, dem Inhaber entgegenzuſtellen, daß deſſen Vormanne die zivilrechtliche Befugnis zum Girieren gefehlt habe und deshalb die dem Inhaber erteilte Wübertragung materiell rechtlich nicht gelte (z. B. daß die Ausſtellerin Ehefrau ſei). OHG **23** 356.

47) Der Ausſteller darf nicht etwa den W noch mit einem beſonderen, auf den Namen des Remittenten lautenden Giro oder mit einem Blankogiro verſehen. RG **47** 126.

48) Auf die Echtheit der Indoſſamente kommt es nicht an. OHG **2** 291. Es kommt nur darauf an, ob die Indoſſamente der Form nach in Ordnung ſind (nicht z. B. darauf, ob die Perſonen, welche für eine Gewerkſchaft zeichnen, dazu legitimiert ſind). OHG **16** 362. RG **50** 23.

49) Ein Indoſſament, welches ſich nicht an den W ſelbſt, bzw. an die vorausgehenden Indoſſanten anſchließt, iſt bedeutungslos, ebenſo die weiteren Indoſſamente, welche ſich auf ein ſolches begründen. OHG **15** 168.

50) Der Inhaber eines W iſt als deſſen Eigentümer legitimiert, wenn nach dem Anblick der WUrkunde die Reihe der Indoſſamente ununterbrochen vom Remittenten auf ihn herunterführt; es kommt für dieſe Legitimation lediglich auf den äußerlichen Zuſammenhang der als Indoſſamente ſich darſtellenden Erklärungen an. RG **55** 47. Laſſen W und Proteſt die Möglichkeit erkennen, daß die Legitimation zur Zeit der Proteſterhebung vorhanden war und nur durch eine (ſpätere) Durchſtreichung anſcheinend verloren gegangen iſt, ſo genügt dies als Legitimation zur Klage. RG **104** 271. Die ununterbrochene Kette von Indoſſamenten bis auf den Indoſſanten iſt bei Begebung des W durch Indoſſament und bei Proteſterhebung ein unbedingtes Erfordernis für die Legitimation. RG **114** 367. Bei der Geltendmachung des W durch Klage iſt aber dieſe äußere Legitimation nicht unbedingt erforderlich. Ein Legitimationsmangel ſchließt die Klagberechtigung des Gläubigers nicht aus, ſondern hat nur den Nachteil für ihn, daß er ſein Recht beweiſen muß. Daſelbſt S. 369.

51) Der Einwand, daß es die eine in der Reihe der Indoſſamente als Indoſſatarin bezeichnete Perſon gar nicht gegeben habe, iſt unzuläſſig. RG, K **4** 239.

52) Iſt ein Vollgiro bis auf den Namen ausgeſtrichen, ſo gilt die übrig gebliebene Unterſchrift nicht als Blankogiro. OHG **16** 141.

Art. 37. Lautet ein Wechsel auf eine Münzsorte, welche am Zahlungsorte keinen Umlauf hat, oder auf eine Rechnungswährung, so kann die Wechselsumme nach ihrem Werte zur Verfallzeit in der Landesmünze gezahlt werden, sofern nicht der Aussteller durch den Gebrauch des Wortes „effektiv" oder eines ähnlichen Zusatzes die Zahlung in der im Wechsel benannten Münzsorte ausdrücklich bestimmt hat.[56a])

Art. 38. Der Inhaber des Wechsels darf eine ihm angebotene Teilzahlung selbst dann nicht zurückweisen, wenn die Annahme auf den ganzen Betrag der verschriebenen Summe erfolgt ist.

Art. 39. Der Wechselschuldner ist nur gegen Aushändigung des quittierten Wechsels zu zahlen verpflichtet.[57—61]) Hat der Wechselschuldner eine Teilzahlung geleistet, so kann er nur verlangen, daß die Zahlung auf dem Wechsel abgeschrieben und ihm Quittung erteilt werde.

---

53) Wenn ein Indossatar ein Namensindossament auf den W schreibt, den W aber nicht begibt und das Indossament nicht ausstreicht, so ist er zur Protesterhebung nicht legitimiert. RG **1** 32; **69** 101, wenn dagegen das Indossament nicht einen bestimmten Dritten legitimiert, sondern ein Blankoindossament ist, so liegt, da ein solches jeden beliebigen Dritten legitimiert, kein Grund vor, denjenigen, von welchem das Blankoindossament ausgeht, von dieser Legitimation auszuschließen. RG, R **10** 470.

54) Wenn auf ein Prokuraindossament noch ein weiteres undurchstrichenes Prokuraindossament folgt, so ist der für den ersten Indossatar erhobene Protest ungültig. RG **32** 75.

55) Eine vom Protest erhebenden Gläubiger beigefügte, nicht durchstrichene Quittung hindert die Anstellung der WKlage nicht, solche Quittungen werden für den Fall der Zahlung auf die W geschrieben und sind, nachdem dieser Fall nicht eingetreten ist, ohne Bedeutung. RG **7** 67.

56) Ein auf den W gesetzter Quittungsvermerk vernichtet nicht alle Rechte aus dem W; die Frage, ob und inwieweit die Zahlung für den in Anspruch genommenen WVerpflichteten wirkt, hängt von den Umständen des einzelnen Falles ab, insbesondere davon, ob die Zahlung in der Absicht geschehen ist, eine Tilgung der Schuld aller aus dem WVerpflichteten herbeizuführen, oder ob der Zahlende nur zu dem Zwecke gezahlt hat, um sich selbst von seiner WVerbindlichkeit zu befreien. RG **8** 62.

56a) Mündliche Vereinbarung effektiver Valuta ist unwirksam. RG **105** 143.

57) Jedes den WSchuldner verurteilende Erkenntnis enthält stillschweigend die Klausel: „gegen Aushändigung des quittierten W". OHG **11** 67, RG **36** 96 (105) und **37** 1.

58) Mittelbarer Besitz des W genügt nicht zur Klage aus ihm. RG **94** 228.

59) Auch die Feststellung einer WForderung im Konkurse ist ebenfalls in dem Sinne zu verstehen, daß die Zahlung der auf diese Forderung entfallenden Dividende lediglich gegen Vorlegung des betreffenden W und Abschreibung auf demselben verlangt werden kann. RG **37** 1.

60) Über die Folge der **Konkurseröffnung** auf die WZahlung vgl. § 34 KonkOrdn.

61) Die Pfändung von Forderungen aus W wird nach § 831 ZPO. dadurch bewirkt, daß der Gerichtsvollzieher diese Papiere in Besitz nimmt.

Art. 40. Wird die Zahlung des Wechsels zur Verfallzeit[62—66a]) nicht gefordert, so ist der Akzeptant nach Ablauf der für die Protesterhebung mangels Zahlung bestimmten Frist befugt,[67]) die Wechselsumme auf Gefahr und Kosten des Inhabers bei Gericht oder bei einer anderen zur Annahme von Depositen ermächtigten Behörde oder Anstalt niederzulegen.[68], [69]) Der Vorladung des Inhabers bedarf es nicht.

Prolongationsw. 62—66)

62) Ob durch die Ausstellung eines neuen gleichlautenden W mit verändertem Fälligkeitstermine bei Verfall eines früher ausgestellten und akzeptierten W nur die Zahlungsfrist hat verlängert oder das bestehende Schuldverhältnis durch Begründung eines neuen hat aufgehoben werden sollen, hängt von den Verhältnissen des Einzelfalls ab; ein allgemeiner Satz, daß durch Ausstellung eines solchen Prolongationsw die frühere Wschuld getilgt werde, läßt sich nicht aufstellen. Der Wille, das alte Schuldverhältnis durch Begründung eines neuen aufheben zu wollen, muß, wenn auch nicht mit ausdrücklichen Worten erklärt, doch deutlich erkennbar gemacht sein. RG **9** 65.

63) Die Pflicht zur Rückgabe eines ohne Verlangen übersendeten Prolongationsw ist eine Holschuld, der Empfänger braucht den W nicht in den Besitz des Absenders zu bringen, sondern hat ihn nur auf Abforderung für ihn bereit zu halten. RG **41** 23.

64) Behält ein Wgläubiger ihm übersandte Prolongationsw, so übernimmt er die Verpflichtung, sie zur Einlösung und zum Ersatz der älteren W zu verwenden. RG **41** 23.

65) Verwendet er die W in einem anderen Sinne, als sie gegeben wurden, so eignet er sich etwas an, was ihm nicht gehört, indem er die W, die ihm unter einer aufschiebenden Bedingung übergeben sind, obgleich er diese Bedingung selbst vereitelt, als sein freies Eigentum behandelt. Er hat somit die W nicht gutgläubig erworben und ist mit seinem Anspruch abzuweisen. RG, K **4** 246.

66) Die dem Akzeptanten bewilligte Stundung macht den Protest nicht ungültig und schließt den Regreß gegen die andern Wschuldner nicht aus. RG **61** 182.

66a) Der zur Prolongation berechtigte Wschuldner muß dem Gläubiger den Prolongationsw rechtzeitig zur Verfügung stellen. RG **104** 331.

67) Aber nicht verpflichtet; die Unterlassung der Deposition kann daher eine Pflicht zur Zahlung von Verzugszinsen nicht begründen, die WO enthält keine Bestimmung, wonach unter allen Umständen und ohne Rücksicht auf die Präsentation des W vom Verfalltage an die Wsumme verzinst werden müsse; vielmehr ist die Pflicht zur Zinszahlung vom Nachweis des Zahlungsverzuges bedingt; der Schuldner darf abwarten, daß der Inhaber des W unter Präsentation desselben am Zahlungsorte Zahlung fordere. OHG **5** 373.

68) Wenn der Bekl. alsbald nach der Vorladung bzw. im Termine zahlt, trifft ihn kein Verzug (vorausgesetzt, daß nicht präsentiert worden ist), und er hat weder Verzugszinsen noch Kosten zu tragen. OHG **14** 30.

Vgl. auch Art. 98 Nr. 5.

69) In Wsachen kann (außer dieser für den Fall nicht rechtzeitiger Einforderung der Wsumme geregelten Hinterlegung) auch eine Hinterlegung auf Grund der Bestimmungen des bürgerlichen Rechts, insbesondere also auch wegen entschuldigter Ungewißheit über die Person des Gläubigers in Frage kommen. RG **53** 209.

VIII. Regreß mangels Zahlung.

Art. 41.*) Zur Ausübung des bei nicht erlangter Zahlung statthaften Regresses gegen den Aussteller und die Indossanten ist erforderlich:

1. daß der Wechsel zur Zahlung präsentiert worden ist und
2. daß sowohl diese Präsentation als die Nichterlangung der Zahlung durch einen rechtzeitig darüber aufgenommenen Protest dargetan wird.

Die Erhebung des Protestes ist am Zahlungstage zulässig, sie muß aber spätestens am zweiten Werktage nach dem Zahlungstage geschehen.[70—77])

Art. 42. Die Aufforderung, keinen Protest erheben zu lassen („ohne Protest", „ohne Kosten" usw.) gilt als Erlaß des Protestes, nicht aber als Erlaß der Pflicht zur rechtzeitigen Präsentation.[78]) Der Wechselverpflichtete, von welchem jene Aufforderung ausgeht, muß die Beweislast übernehmen, wenn er die rechtzeitig geschehene Präsentation in

---

*) Zu Art. 41 vgl. das Ges. v. 4. Aug. 1914 (RGBl. 327) über Berücksichtigung höherer Gewalt und Verlängerung von Fristen. Dazu VO. v. 20. Jan. 1919 (RGBl. 91).

70) Über Form und Inhalt der Protesturkunde siehe Art. 87 bis 90; über Ort und Zeit der Präsentation und der Protesterhebung siehe Art. 91 bis 93, bei eigenen W Art. 99 Nr. 10, Art. 99.

71) Bei Berechnung der Protesttage werden die Sonn- und Feiertage nicht mitgezählt. Ober-Trib., Striethorst **66** 350.

72) Die, wenn auch durch höhere Gewalt verursachte, Verspätung des Protestes hindert den Regreß. OHG **1** 288.

73) Wenn der Akzeptant auf einen späteren Zahlungstag angenommen hat, muß nach dem vom Aussteller geschriebenen Tage Protest erhoben werden. OHG **21** 151.

74) Die Protesturkunde ist nicht bloßes Beweismittel, sondern zur Begründung der WRegreßklage unerläßlich, das einzige Mittel, die Präsentation und Nichtzahlung zu konstatieren; die Regreßklage ist auch dann nicht zuzulassen, wenn die Parteien über die Tatsache der Präsentation und der Erhebung des Protestes einverstanden sind, die Urkunde aber dem Gesetze nicht entspricht. OHG **7** 184; die Protesturkunde muß deshalb vom Kläger beigebracht werden, sonst ist seine Klage unbegründet, wenn auch Beklagter keinen Einwand daraus erhebt. OHG **18** 271.

75) Ist die Protesturkunde verloren gegangen, so kann anderweit nachgewiesen werden, daß sie vorhanden gewesen sei. OHG **23** 410.

76) Der Protest und die Präsentation ist nur dann gehörig erfolgt, wenn er durch eine nach Art. 36 legitimierte Person bewirkt ist, die Korrektheit des Protestes in dieser Richtung ist von Amts wegen zu prüfen. OHG **18** 271.

77) Präsentation und Protesterhebung darf nicht gegen den Konkursverwalter, sondern muß gegen den Schuldner selbst erfolgen. OHG **24** 22 (Plenarentscheidung).

78) Es darf auch diese erlassen werden. OHG **14** 315.

Abrede ſtellt.[79], [80]) Gegen die Pflicht zum Erſatze der Proteſtkoſten ſchützt jene Aufforderung nicht.

Art. 43.[81], [82]) Domizilierte Wechſel ſind dem Domiziliaten[83—89]) oder, wenn ein ſolcher nicht benannt iſt, dem Bezogenen ſelbſt an dem-

---

79) Der Erlaß ſteht nur der Perſon entgegen, die ihn ausgeſprochen hat, ob daher der Erlaß vom Ausſteller oder von irgendeinem anderen Regreßpflichtigen ausgeht, ob er über dem ganzen W oder bei der Unterſchrift des Ausſtellers ſteht, kommt anderen Regreßpflichtigen gegenüber, welche nicht ſelbſt den gleichen Erlaß ausgeſprochen haben, nicht in Betracht. OHG **17** 266.

80) Der (nicht auf dem W ſtehende) Erlaß kommt nur dem Wgläubiger zuſtatten, mit dem der Erlaßvertrag (der übrigens formlos, alſo auch mündlich geſchloſſen werden kann) geſchloſſen iſt, nicht aber dem Giratar des Gläubigers. OHG **23** 217.

Wer den Proteſt erlaſſen hat, haftet in demſelben Umfange, wie er haften würde, wenn der Proteſt erhoben wäre.

Über Verjährung bei erlaſſenem Proteſt ſiehe bei Art. 78.

81) Die Nov. vom 30. V. 08 hat die früher hinter dem 1. Abſ. folgenden Worte „Wird die rechtzeitige Proteſterhebung beim Domiziliaten verabſäumt, ſo geht dadurch der wmäßige Anſpruch nicht nur gegen den Ausſteller und die Indoſſanten, ſondern auch gegen den Akzeptanten verloren" geſtrichen, ſo daß auch bei DomizilW der Akzeptant verhaftet bleibt, wenn kein Proteſt erhoben wird. Für die vor dem 1. X. 08 ausgeſtellten W bleiben jedoch nach § 6 der Nov. die bisherigen Vorſchriften in Kraft, nach denen der wmäßige Anſpruch gegen den Akzeptanten oder gegen den Ausſteller des eigenen W verloren geht, wenn die rechtzeitige Proteſterhebung beim Domiziliaten verabſäumt wird.

82) Vgl. Art. 24.

83) Ein W iſt nur dann Domizilw, wenn in ihm vom Ausſteller ein vom Wohnort des Bezogenen verſchiedener Zahlungsort angegeben iſt. Die bloße Angabe, daß am Wohnort des Bezogenen bei einer anderen Perſon zu zahlen ſei, reicht nicht hin, um einen Domizilw zu begründen. OHG **5** 99 (ſog. uneigentlicher Domizilw, Zahlſtellenw). Die Unterſchiede zwiſchen DomizilW und ZahlſtellenW in bezug auf die Form der Proteſterhebung und auf die Folgen der Unterlaſſung des Proteſtes ſind durch die von der Novelle von 1908 eingefügte Beſtimmung des Abſ. 2 beſeitigt.

84) Die WO verſteht unter DomizilW in den Art. 24 u. 43 nur ſolche, auf welchen der Ausſteller einen von dem Wohnorte des Bezogenen verſchiedenen Zahlungsort angegeben hat, und ſie will die vom Bezogenen beim Akzepte gegebene Hinzufügung eines Domizils nicht nach den Regeln der DomizilW, ſondern nach denen der beſchränkten Akzepte behandelt wiſſen. OHG **25** 122.

85) Wohnungsangabe im Akzept iſt Bezeichnung einer Zahlſtelle, in der Adreſſe des W nur nähere Bezeichnung des Bezogenen zur Erleichterung ſeiner Auffindung. RG **85** 304.

86) Der Vermerk: „in München zahlbar S.ſtraße 15 Hotel Reichshof" enthält nicht die Benennung eines beſtimmten Domiziliaten. RG **48** 319.

87) Es darf nur eine Perſon gegeben ſein, bei welcher (abgeſehen vom Notfalle) die Wzahlung gefordert werden kann; Angabe mehrerer Perſonen, zwiſchen denen der WInhaber die Wahl treffen könnte, iſt unzuläſſig. RG **25** 62.

jenigen Orte, wohin der Wechsel domiziliert ist, zur Zahlung zu präsentieren und wenn die Zahlung unterbleibt, dort zu protestieren.[90—93])

Ein Wechsel, dessen Zahlung am Wohnorte des Bezogenen durch eine andere Person erfolgen soll, ist dieser Person zur Zahlung zu präsentieren und, wenn die Zahlung unterbleibt, gegen sie zu protestieren.

Art. 44.[94]) Zur Erhaltung des Wechselrechts gegen den Akzeptanten bedarf es weder der Präsentation am Zahlungstage noch der Erhebung eines Protestes.

---

88) Der Zusatz bei Benennung des in F. wohnhaften Trassaten: „zahlbar an der Gewerkskasse in L." kann nur dahin gedeutet werden: „zahlbar an dieser Kasse durch den hierzu berufenen Vertreter oder Angestellten der Genossenschaft" und enthält mithin einen Domizilvermerk. RG **1** 17. Es mag unerörtert bleiben, ob dieser Entscheidung beizutreten ist. Auf keinen Fall darf der Ausdruck: zahlbar auf einem Kontor, demjenigen: zahlbar an einer Kasse gleichgestellt werden. Die Formel läßt sich nur auf den Zahlungsort beziehen und läßt die Frage, wer Zahlung zu leisten habe, durch wen solche erfolgen solle, unberührt. RG **28** 100 (103).

89) Ist der W erst nach der Akzeptierung ohne Wissen des Akzeptanten mit dem Domizilvermerk versehen worden, so ist der W dem Akzeptanten gegenüber kein Domizil-W. RG **28** 121.

90) Der sonst Regreßpflichtige haftet nicht, wenn nicht wenigstens auch ein Protest dort rechtzeitig erhoben worden ist, wo dieser nach dem Inhalte, den der W zu der Zeit hatte, als seine WUnterschrift gegeben wurde, bzw. den derselbe nachträglich mit seiner Zustimmung erhalten hat, zu erheben war; eine etwaige nachträgliche Verfälschung des Inhaltes könnte die Bedingungen seiner Haftung natürlich nicht zu seinem Nachteile ändern. Dagegen würde man andererseits zu weit gehen, falls man die wrechtliche Haftung aller Regreßpflichtigen dann schlechtweg an die Erhebung eines Protestes beim Akzeptanten an dessen Wohnort knüpfen wollte, wenn der etwa auf dem W befindliche Domizilvermerk nicht vom Aussteller herrührt, sondern von einem anderen Wverpflichteten hinzugefügt ist. RG **32** 36.

91) Der Domiziliat kann den W als Indossant einlösen, ohne daß der W vorher protestiert worden ist. Ob er vor oder bei der Bezahlung seine Absicht, nicht für den Bezogenen zu zahlen, sondern den W als Indossant einzulösen, besonders zum Ausdruck bringen muß und der W sonst als für den Bezogenen gezahlt gilt, ist nicht entschieden. RG **36** 100.

92) Eine Benachrichtigung (nach Art. 45) an den Akzeptanten ist nicht vorgeschrieben. OHG **14** 327, RG **1** 45.

93) Protestat ist der Domiziliat und nur nach dessen, nicht des Akzeptanten Anwesenheit ist vom Protesterheber zu fragen. OHG **18** 327.

94) Die Nov. v. 08 hat entsprechend dem jetzigen Wortlaut des Art. **44** hinter „bedarf es" die folgenden Worte: „mit Ausnahme des im Art. 43 erwähnten Falles" gestrichen.

Art. 45. Der Inhaber eines mangels Zahlung protestierten Wechsels ist verpflichtet,[95—97]) seinen unmittelbaren Vormann innerhalb zweier Tage nach dem Tage der Protesterhebung von der Nichtzahlung des Wechsels schriftlich zu benachrichtigen, zu welchem Ende es genügt, wenn das Benachrichtigungsschreiben innerhalb dieser Frist zur Post gegeben ist. Jeder benachrichtigte Vormann muß binnen derselben, vom Tage des empfangenen Berichts zu berechnenden Frist seinen nächsten Vormann in gleicher Weise benachrichtigen. Der Inhaber oder Indossatar, welcher die Benachrichtigung unterläßt oder dieselbe nicht an den unmittelbaren Vormann ergehen läßt, wird hierdurch den sämtlichen oder den übersprungenen Vormännern zum Ersatze des aus der unterlassenen Benachrichtigung entstandenen Schadens verpflichtet. Auch verliert derselbe gegen diese Personen den Anspruch auf Zinsen und Kosten,[98]) so daß er nur die Wechselsumme zu fordern berechtigt ist.

Art. 46. Kommt es auf den Nachweis der dem Vormanne rechtzeitig gegebenen schriftlichen Benachrichtigung an, so genügt zu diesem Zwecke der durch ein Postattest geführte Beweis, daß ein Brief von dem Beteiligten an den Adressaten an dem angegebenen Tage abgesandt ist, sofern nicht dargetan wird, daß der angekommene Brief einen anderen Inhalt gehabt hat. Auch der Tag des Empfanges der erhaltenen schriftlichen Benachrichtigung kann durch ein Postattest nachgewiesen werden.

Art. 47. Hat ein Indossant den Wechsel ohne Hinzufügung einer Ortsbezeichnung[99, 100]) weiter begeben, so ist der Vormann desselben von der unterbliebenen Zahlung zu benachrichtigen.

Art. 48. Jeder Wechselschuldner hat das Recht, gegen Erstattung der Wechselsumme nebst Zinsen und Kosten die Auslieferung des quit-

95) Zur Begründung der Klage ist nicht die Behauptung erforderlich, daß die Benachrichtigung erfolgt sei; wendet aber der Beklagte ihre Unterlassung ein, so hat sie der Kläger zu beweisen. OHG **2** 118; **16** 362.

96) Der Akzeptant hat keinen Anspruch auf eine Benachrichtigung, auch nicht bei einem domizilierten W, siehe Art. 43 Anm. 93.

97) Nach der in Art. 47 gegebenen Vorschrift bedarf es in der Praxis oft keiner Benachrichtigung.

98) Unter Kosten ist die Provision mitverstanden (vgl. Art. 48). RG **14** 105.

99) Das Ausstellungsdatum ersetzt nicht die Ortsbezeichnung im Giro des Ausstellers. OHG **18** 138.

100) Die Ortsbezeichnung muß dem Giro beigefügt sein, ein Stempel auf der Vorderseite des W genügt nicht. RG **76** 181.

tierten Wechsels und des wegen Nichtzahlung erhobenen Protestes von dem Inhaber zu fordern.[1,2])

Art. 49. Der Inhaber eines mangels Zahlung protestierten[3]) Wechsels kann die Wechselklage gegen alle Wechselverpflichtete oder auch nur gegen einige oder einen derselben anstellen, ohne dadurch seinen Anspruch gegen die nicht in Anspruch genommenen Verpflichteten zu verlieren. Derselbe ist an die Reihenfolge der Indossamente nicht gebunden.

Art. 50. Die Regreßansprüche des Inhabers, welcher den Wechsel mangels Zahlung hat protestieren lassen, beschränken sich auf:

1. die nicht bezahlte Wechselsumme[4]) nebst sechs*) Prozent jährlicher Zinsen[5]) vom Verfalltag ab;
2. die Protestkosten und anderen Auslagen;
3. eine Provision von einem Drittel Prozent.

Die vorstehenden Beträge müssen, wenn der Regreßpflichtige an einem anderen Orte als dem Zahlungsorte wohnt, zu demjenigen Kurse gezahlt werden, welchen ein vom Zahlungsort auf den Wohnort des Regreßpflichtigen gezogener Wechsel auf Sicht hat. Besteht am Zahlungsorte kein Kurs auf jenen Wohnort, so wird der Kurs nach demjenigen Platze genommen, welcher dem Wohnorte des Regreßpflichtigen am nächsten liegt. Der Kurs ist auf Verlangen des Regreßpflichtigen durch einen unter öffentlicher Autorität ausgestellten Kurszettel oder durch das Attest eines vereideten Mäklers oder in Ermangelung derselben durch ein Attest zweier Kaufleute zu bescheinigen.

---

1) Der Akzeptant, welcher nach Zahlung eines Teiles der Regreßsumme durch einen Regressaten den Rest zahlt, darf nicht Aushändigung des W, sondern nur Abschreibung der von ihm geleisteten Zahlung auf dem W und Quittung auf einer Abschrift des W verlangen. Der W ist vom Inhaber zur Verfügung seines Vormannes zu halten. RG **4** 58.

2) Bei WForderungen wirkt die Zahlung nicht so wie bei gewöhnlichen Forderungen. Ungeachtet der Zahlung besteht die WForderung weiter, wenn die WUrkunde unzerstört und ohne Quittungsvermerk im Besitze dessen verbleibt, der WGläubiger geworden war. Gegen diesen erwächst nur eine Einrede der Arglist, wenn er sein formales Recht dazu mißbraucht, das bereits Empfangene noch einmal zu fordern. RG **61** 5.

3) Oder, falls der Protest erlassen ist, auch eines nicht protestierten W.

4) Keine Aufwertung der Wsumme. RG **110** 41.

*) Nach dem Ges. v. 3. VII. 1925 (RGBl. 93) betragen die Wzinsen 2% über Reichsbankdiskont, mindestens aber 6%.

5) Diese Zinsen sind keine Verzugszinsen, sondern ein vom Gesetz festgestellter Teil des Interesses des Gläubigers an dem Garantieversprechen des Indossanten. OHG **6** 155.

Art. 51. Der Indoſſant, welcher den Wechſel eingelöſt oder als Rimeſſe erhalten hat,[6—10]) iſt von einem früheren Indoſſanten oder von dem Ausſteller zu fordern berechtigt:

1. die von ihm gezahlte oder durch Rimeſſe berichtigte Summe nebſt ſechs[6]) Prozent jährlicher Zinſen[7]) vom Tage der Zahlung;
2. die ihm erſtandenen Koſten;
3. eine Proviſion von ein Drittel Prozent.[11])

Die vorſtehenden Beträge[12]) müſſen, wenn der Regreßpflichtige an einem anderen Orte als der Regreßnehmer wohnt, zu demjenigen Kurſe gezahlt werden, welchen ein vom Wohnorte des Regreßnehmers auf den Wohnort des Regreßpflichtigen gezogener Wechſel auf Sicht hat. Beſteht im Wohnorte des Regreßnehmers kein Kurs auf den Wohnort des Regreßpflichtigen, ſo wird der Kurs nach demjenigen Platze genommen, welcher dem Wohnorte des Regreßpflichtigen am nächſten liegt. Wegen

---

6) Der Kläger braucht nicht die Zahlung an ſeinen Nachmann zu beweiſen; aus ſeinem Beſitz des W und Proteſtes entſteht die Vermutung, daß er den im Regreß gegen ihn vorgehenden Hintermann in dem Umfange befriedigt hat, in welchem er zur Einlöſung des W verbunden war. Nur die Höhe der Nebenforderungen, ſoweit ſolche aus dem W und Proteſt und dem Geſetze ſich nicht ergibt, hat Kläger beſonders darzutun. OHG **14** 327. RG, **K 1** 69.

7) Die Art, wie ein Indoſſant ſeinen Nachmann befriedigt, iſt ohne Bedeutung; insbeſondere iſt Barzahlung nicht nötig, um ihm den Regreß gegen ſeinen Vormann zu ſichern. RG, **K 1** 69.

8) Der Anſpruch des Indoſſanten, welcher den von ihm begebenen W im Regreßwege wieder eingelöſt hat, gegen ſeine Vormänner und den Akzeptanten entſteht nicht erſt mit der Einlöſung; der für den Indoſſanten einmal begründete Anſpruch erliſcht nicht durch die Weiterbegebung, ruhte vielmehr nur, ſolange er den Wechſel nicht in der Hand hatte. OHG **24** 1; RG **77** 187.

9) Auch der Indoſſant, der es nicht nötig hatte, den W einzulöſen, kann Rückgriff nehmen. RG **77** 190.

10) Zahlungen des WRegreßſchuldners an den WInhaber ſtehen ſonſtigen Zahlungen gleich. Sie haben nicht die Folge, daß das WRecht des bisher Berechtigten erliſcht und das des Regreßſchuldners wieder auflebt, ſondern geben ihm nur einen Anſpruch auf Auslieferung des W. RG **85** 55.

11) Zinſen, Koſten und Proviſion, welche außer der Wſumme gefordert werden, ſind für die Wertsberechnung als Nebenforderungen anzuſehen, § 4 ZPO. Zur Berückſichtigung ſolcher Nebenforderungen genügt nach § 605 der ZPO. daß ſie glaubhaft gemacht ſind.

12) Die Prozeßkoſten, welche ihm durch die Regreßklage ſeines Vormannes entſtanden ſind, darf er nicht mit einfordern. OHG **24** 88.

der Bescheinigung des Kurses kommt die Bestimmung des Artikel 50 zur Anwendung.

Art. 52. Durch die Bestimmungen der Artikel 50 und 51 Nr. 1 und 3 wird bei einem Regreß auf einen ausländischen Ort die Berechnung höherer dort zulässiger Sätze nicht ausgeschlossen.

Art. 53. Der Regreßnehmer kann über den Betrag seiner Forderung einen Rückwechsel auf den Regreßpflichtigen ziehen. Der Forderung treten in diesem Falle noch die Mäklergebühren für Negozierung des Rückwechsels sowie die etwaigen Stempelgebühren hinzu. Der Rückwechsel muß auf Sicht zahlbar und unmittelbar (a drittura) gestellt werden.

Art. 54. Der Regreßpflichtige ist nur gegen Auslieferung des Wechsels,[13]) des Protestes und einer quittierten Retourrechnung Zahlung zu leisten verbunden.[13a])

Art. 55.[14]) Jeder Indossant, der einen seiner Nachmänner befriedigt hat, kann sein eigenes und seiner Nachmänner Indossament ausstreichen.[15—18])

---

13) Unversehrten; ist das Akzept durch Versehen oder Zufall gestrichen, so ist der Regreß nicht zulässig, OHG **11** 218, ebenso nicht, wenn das Akzept durch Verjährung erloschen ist. RG **9** 22. Ist der W verloren, so findet der Regreß gegen jeden Regreßpflichtigen, auch wenn der W schon angenommen war, nach Kraftloserklärung auf Grund des Ausschlußurteils statt; vorausgesetzt, daß rechtzeitig Protest erhoben war. Das Ausschlußurteil ist bei Zahlung auszuhändigen. RG **49** 136.

13a) Eine auf den Winhaber lautende quittierte Retourrechnung ist ein wmäßiger Nachweis, daß der Zahlende den W im Rücklauf eingelöst hat. RG **114** 370.

14) Nach der herrschenden Meinung ist, wer den W im Regreßwege eingelöst hat, schon durch den Besitz des W und Protestes zur Regreßklage legitimiert. Dies gilt auch, wenn nach der Protesterhebung Indossamente durchstrichen sind. Es besteht die Vermutung, daß der den Erfordernissen des neuen Gesetzes äußerlich genügende Protest, den der Inhaber eines rückläufigen W vorlegt, im Auftrage eines legitimierten Inhabers erhoben ist, sofern sich aus dem W und Protest ergibt, daß die Legitimation zur Zeit der Protesterhebung vorhanden gewesen sein kann und nur nachträglich durch Ausübung der Befugnis aus Art. 55 weggefallen ist. RG, K **10** 324.

15) Wenn er es unterläßt, so hat sein Recht dazu keinen Eintrag erlitten. OHG **7** 78, RG **46** 412. Dies findet auch Anwendung, wenn bei stattgehabter WIntervention der Honorat den W von dem Ehrenzahler eingelöst hat. RG **62** 131. Durchstreichung nachfolgender Indossamente ist auch nach Protesterhebung zulässig, auch nach Klageerhebung. RG **114** 369.

16) Der Indossatar (auch der Ehrenzahler und der Honorat; betreffs des letzteren siehe Note 26 zu Art. 63) kann also ohne diese Streichung klagen und weiter begeben; es ist zu beachten, daß dies nur für den im Besitz des Protestes befindlichen, durch dessen

IX. Intervention.*)

1. Ehrenannahme.[19])

Art. 56. Befindet sich auf einem mangels Annahme protestierten Wechsel eine auf den Zahlungsort lautende[20]) Notadresse, so muß, ehe Sicherstellung verlangt werden kann, die Annahme von der Notadresse gefordert werden. Unter mehreren Notadressen gebührt derjenigen der Vorzug, durch deren Zahlung die meisten Verpflichteten befreit werden.

Art. 57. Die Ehrenannahme von seiten einer nicht auf dem Wechsel als Notadresse benannten Person braucht der Inhaber nicht zuzulassen.

Art. 58. Der Ehrenakzeptant muß sich den Protest mangels Annahme gegen Erstattung der Kosten aushändigen und in einem Anhange zu demselben die Ehrenannahme bemerken lassen. Er muß den Hono-

---

Inhalt als Indossatar legitimierten Inhaber gilt; wer nach Verfall den unprotestierten W von seinem Nachmanne einlöst, muß die nachfolgenden Giros durchstreichen, um sich zur Weiterbegebung und zur Klage gegen den Akzeptanten (die Indossanten können in diesem Falle mangels Protestes nicht verklagt werden) zu legitimieren. OHG **14** 152.

17) Wenn der befriedigte Nachmann den W samt Protest an denjenigen zurückgibt, welcher ihn befriedigt hat, hört er auf Gläubiger aus dem W und Eigentümer der WUrkunde zu sein; das eigene auf dem Indossamente seines Vormannes beruhende Gläubigerrecht des einlösenden Indossanten wird durch die Wiedereinlösung des W und dessen Rückempfang wieder lebendig. RG **34** 50, **77** 187.

18) Erfolgte die Zahlung unter der Bedingung, daß der gezahlte Betrag zurückgegeben werden sollte, wenn von einem anderen WSchuldner Zahlung erlangt werden könnte, oder überließ der Zahlende die ihm infolge der Zahlung zustehenden Rechte dem bisherigen WInhaber, so fordert dieser nicht zum zweitenmal, was ihm selbst zukommt, wenn er der getroffenen Vereinbarung entsprechend einen anderen WSchuldner in Anspruch nimmt und der letztere kann sich deshalb auf die Zahlung nicht berufen. RG, K **5** 314.

*) Beispiel eines W mit Notadresse.

> Berlin, den 15. April 1910.
> Am 10. August 1910 zahlen Sie Herrn Ernst Kraft in Berlin gegen diesen Wechsel elfhundert Mark.
> Herrn Otto Schulze in Berlin. Paul Meyer.
> zahlbar bei der Deutschen Bank, falls bei der Dresdner Bank.

Notadresse ist hier die Dresdner Bank.

19) Die Ehrenannahme ist als Erklärung, eine WRegreßschuld (nicht die Schuld des Bezogenen) zahlen zu wollen, anzusehen. RG **70** 350.

20) Das heißt: Notadressen, bei welchem ein anderer Ort als der Zahlungsort bekannt ist, dürfen nicht berücksichtigt werden; nicht aber: daß die Adresse des Zahlungsortes vermerkt sein muß; es wird vielmehr, wenn kein anderer Ort bezeichnet ist, angenommen, Adressat sei im Zahlungsort des W aufzusuchen. OHG **11** 298.

raten unter Übersendung des Protestes von der geschehenen Intervention benachrichtigen und diese Benachrichtigung mit dem Protest innerhalb zweier Tage nach dem Tage der Protesterhebung zur Post geben. Unterläßt er dies, so haftet er für den durch die Unterlassung entstehenden Schaden.

Art. 59. Wenn der Ehrenakzeptant unterlassen hat, in seinem Akzepte zu bemerken, zu wessen Ehren die Annahme geschieht, so wird der Aussteller als Honorat angesehen.

Art. 60. Der Ehrenakzeptant wird den sämtlichen Nachmännern des Honoraten durch die Annahme wechselmäßig verpflichtet. Diese Verpflichtung erlischt, wenn dem Ehrenakzeptanten der Wechsel nicht spätestens am dritten Werktage nach dem Zahlungstage zur Zahlung vorgelegt wird.

Art. 61. Wenn der Wechsel von einer Notadresse oder einem anderen Intervenienten zu Ehren angenommen wird, so haben der Inhaber und die Nachmänner des Honoraten keinen Regreß auf Sicherstellung. Derselbe kann aber von dem Honoraten und dessen Vormännern geltend gemacht werden.

2. Ehrenzahlung.

Art. 62. Befinden sich auf dem von dem Bezogenen nicht eingelösten Wechsel oder der Kopie Notadressen[21]) oder ein Ehrenakzept, welche auf den Zahlungsort[22]) lauten, so muß der Inhaber den Wechsel spätestens am dritten Werktage nach dem Zahlungstag den sämtlichen Notadressen und dem Ehrenakzeptanten zur Zahlung vorlegen und den Erfolg im Proteste mangels Zahlung oder in einem Anhange zu demselben bemerken lassen. Unterläßt er dies, so verliert er den Regreß gegen den Adressaten[23]) oder Honoraten und deren Nachmänner. Weist der Inhaber die von einem anderen Intervenienten angebotene Ehrenzahlung zurück, so verliert er den Regreß gegen die Nachmänner des Honoraten.

21) Eine Notadresse ist ungültig, wenn der Bezogene oder eine dritte, nicht im Wverbande stehende Person die Notadresse beigesetzt hat. Dies nachzuweisen ist aber Sache desjenigen, der auf eine solche Behauptung Rechte gründet; denn bei einem äußerlich unverdächtigen W ist für die wmäßigen Rechte und Pflichten in erster Linie die Gestalt maßgebend, die der W an sich trägt. RG **67** 299.

22) Vgl. Anm. 20 zu Art. 56.

23) Wenn im W nichts anderes angegeben ist, gilt der Aussteller als Adressat, der Akzeptant bleibt also verhaftet. OHG **11** 298.

Der Aussteller kann sich selbst als Notadressat bezeichnen (dann muß ihm der W protestiert innerhalb der Protestfrist zur Zahlung vorgelegt werden). OHG **20** 164.

Art. 63. Dem Ehrenzahler muß der Wechſel und der Proteſt mangels Zahlung gegen Erſtattung der Koſten ausgehändigt werden. Er tritt durch die Ehrenzahlung in die Rechte des Inhabers (Art. 50 und 52) gegen den Honoraten, deſſen Vormänner und den Akzeptanten.[24—28])

Art. 64. Unter mehreren, welche ſich zur Ehrenzahlung erbieten, gebührt demjenigen der Vorzug, durch deſſen Zahlung die meiſten Wechſelverpflichteten befreit werden. Ein Intervenient, welcher zahlt, obgleich aus dem Wechſel oder Proteſt erſichtlich iſt, daß ein anderer, dem er hiernach nachſtehen müßte, den Wechſel einzulöſen bereit war, hat keinen Regreß gegen diejenigen Indoſſanten, welche durch Leiſtung der von dem anderen angebotenen Zahlung befreit worden wären.

Art. 65. Der Ehrenakzeptant, welcher nicht zur Zahlungsleiſtung gelangt, weil der Bezogene oder ein anderer Intervenient bezahlt hat, iſt berechtigt, von dem Zahlenden eine Proviſion von $^3/_4$ Prozent zu verlangen.

Vgl. auch Art. 98 Nr. 7.

24) Der Intervenient braucht nur gegen die Aushändigung des W und des Proteſtes zu zahlen; es muß deshalb, wenn nicht gleich bei der erſten Präſentation, welche ohne die Vorzeigung des Proteſtes erfolgen kann, der Adreſſat erklärt: er zahle nicht, nochmals unter Vorlegung des Proteſtes Zahlung verlangt werden, wenn richtige Präſentation ſtattgefunden haben ſoll. OHG **20** 114. RG **67** 295. Gibt alſo bei der ohne Vorzeigung des Proteſtes ſtattfindenden Präſentation der Adreſſat keine Erklärung ab oder wird er nicht angetroffen, ſo muß nochmals unter Vorlegung des Proteſtes Zahlung verlangt und bei Nichtzahlung ein zweiter (Konter-) Proteſt erhoben werden; ebenſo wenn der Adreſſat die früher verſprochene Zahlung nicht leiſtet.

25) Der Intervenient muß die Ordnungsmäßigkeit des Proteſtes und im Falle des Art. 64 weiter prüfen, ob etwa ein anderer Intervenient, der zahlungsbereit iſt, mehr Wverpflichtete befreien würde als er ſelbſt. RG **67** 295, 297.

26) Der Honorat bedarf keines Giros ſeitens des Ehrenzahlers, er legitimiert ſich durch Vorlegung des W und durch den Proteſt; es muß dann angenommen werden, daß er ſeiner Regreßpflicht dem Ehrenzahler gegenüber Genüge geleiſtet hat; ob er die bedeutungslos gewordenen Giros ausgeſtrichen hat oder nicht, iſt gleichgültig. (Vgl. Art. 55). OHG **12** 47.

27) Wenn der Ausſteller den mangels Zahlung proteſtierten W als Notadreſſat bezahlt, ſo erwirbt er keinerlei Regreßrechte, ſondern er tritt nur wieder in ſeine Rechte als Ausſteller. Will er den W von neuem übertragen, ſo iſt dies eine neue Begebung nach dem Proteſt mangels Zahlung. Art. 16 Abſ. 2 WO. OHG **6** 162.

28) Der Domiziliat, der unter dem Vorbehalte, daß vom Akzeptanten rechtzeitige Deckung bei ihm eingehe, den W an den Inhaber gezahlt hat, kann nicht beim Ausbleiben der Deckung durch ſeine einſeitige Erklärung, er werde zu Ehren eines Indoſſanten zahlen, ſeine Leiſtung in eine Ehrenzahlung umwandeln. RG **70** 116.

X. Vervielfältigung eines Wechsels.[29], [30])

1. Wechselduplikate.

Art. 66. Der Aussteller eines gezogenen Wechsels ist verpflichtet, dem Remittenten auf Verlangen mehrere gleichlautende Exemplare des Wechsels zu überliefern. Dieselben müssen im Kontext als Prima, Sekunda, Tertia usw. bezeichnet sein, widrigenfalls jedes Exemplar als ein für sich bestehender Wechsel (Sola-Wechsel) erachtet wird. Auch ein Indossatar kann ein Duplikat des Wechsels verlangen. Er muß sich dieserhalb an seinen unmittelbaren Vormann wenden, welcher wieder an seinen Vormann zurückgehen muß, bis die Anforderung an den Aussteller gelangt. Jeder Indossatar kann von seinem Vormanne verlangen, daß die früheren Indossamente auf dem Duplikate wiederholt werden.[31])

Art. 67. Ist von mehreren ausgefertigten Exemplaren das eine bezahlt, so verlieren dadurch die anderen ihre Kraft. Jedoch bleiben aus den übrigen Exemplaren verhaftet:

1. der Indossant, welcher mehrere Exemplare desselben Wechsels an verschiedene Personen indossiert hat, und alle späteren Indossanten, deren Unterschriften sich auf den, bei der Zahlung nicht zurückgegebenen Exemplaren befinden, aus ihren Indossamenten;
2. der Akzeptant, welcher mehrere Exemplare desselben Wechsels akzeptiert hat, aus den Akzepten auf den bei der Zahlung nicht zurückgegebenen Exemplaren.

Art. 68. Wer eines von mehreren Exemplaren eines Wechsels zur Annahme versandt hat, muß auf den übrigen Exemplaren bemerken, bei wem das von ihm zur Annahme versandte Exemplare anzutreffen ist. Das Unterlassen dieser Bemerkung entzieht jedoch dem Wechsel nicht

---

29) Die in der WO enthaltenen Bestimmungen über Duplikate gelten nicht für eigene W, ein eigener W kann nicht die rechtliche Bedeutung eines Duplikates haben. RG **9** 117.

30) Es handelt sich bei der Ausstellung von Wduplikaten immer nur um einen W, über den bloß mehrere Urkunden ausgestellt sind. Das zum Umlauf bestimmte Exemplar soll den Zweck haben, den Übergang der Rechte aus dem W zu bewirken. Es repräsentiert den ganzen W in bezug auf den Wtransport. Das Akzeptträger-Exemplar soll die WErklärung des Bezogenen aufnehmen; das Akzept auf dem einen Exemplar ist auf den ganzen W zu beziehen; durch Indossierung des anderen werden alle Rechte aus dem geleisteten Akzepte erworben. RG **9** 60.

31) Der Wnehmer kann das in Art. 66 vorgesehene Recht auch dann geltend machen wenn er den W verloren hat. RG **49** 132.

die Wechſelkraft. Der Verwahrer des zum Akzepte verſandten Exemplars iſt verpflichtet,[32]) dasſelbe[33]) demjenigen auszuliefern, der ſich als Indoſſatar (Art. 36) oder auf andere Weiſe zur Empfangnahme legitimiert.

Art. 69. Der Inhaber eines Duplikats, auf welchem angegeben iſt, bei wem das zum Akzepte verſandte Exemplar ſich befindet, kann mangels Annahme desſelben den Regreß auf Sicherſtellung und mangels Zahlung den Regreß auf Zahlung nicht eher nehmen, als bis er durch Proteſt hat feſtſtellen laſſen:

1. daß das zum Akzepte verſandte Exemplar ihm vom Verwahrer nicht verabfolgt worden iſt und
2. daß auch auf das Duplikat die Annahme oder die Zahlung nicht zu erlangen geweſen.

2. Wechſelkopien.

Art. 70. Wechſelkopien müſſen eine Abſchrift des Wechſels und der darauf befindlichen Indoſſamente und Vermerke enthalten und mit der Erklärung „bis hierher Abſchrift (Kopie)" oder mit einer ähnlichen Bezeichnung verſehen ſein. In der Kopie iſt zu bemerken, bei wem das zur Annahme verſandte Original des Wechſels anzutreffen iſt. Das Unterlaſſen dieſes Vermerkes entzieht jedoch der indoſſierten Kopie nicht ihre wechſelmäßige Kraft.

Art. 71. Jedes auf einer Kopie befindliche Original-Indoſſament verpflichtet den Indoſſanten ebenſo, als wenn es auf einem Originalwechſel ſtünde.

Art. 72. Der Verwahrer des Originalwechſels iſt verpflichtet, denſelben dem Beſitzer einer mit einem oder mehreren Original-Indoſſamenten verſehenen Kopie auszuliefern, ſofern ſich derſelbe als Indoſſatar oder auf andere Weiſe zur Empfangnahme legitimiert. Wird der Originalwechſel vom Verwahrer nicht ausgeliefert, ſo iſt der Inhaber der Wechſelkopie nur nach Aufnahme des im Art. 69 Nr. 1 erwähnten Proteſtes Regreß auf Sicherſtellung und nach Eintritt des in der Kopie angegebenen Verfalltags Regreß auf Zahlung gegen diejenigen Indoſſanten zu nehmen berechtigt, deren Original-Indoſſamente auf der Kopie befindlich ſind.

---

32) Vorbehaltlich des Widerrufs des Ausſtellers. OHG **11** 391.

33) Mag es akzeptiert ſein oder nicht. Daſelbſt.

XI. Abhanden gekommene Wechsel.[34])

Art. 73. Der Eigentümer eines abhanden gekommenen Wechsels[35]) kann die Amortisation des Wechsels bei dem Gerichte des Zahlungsorts beantragen. Nach Einleitung des Amortisationsverfahrens kann derselbe vom Akzeptanten[36]) Zahlung fordern, wenn er bis zur Amortisation des Wechsels Sicherheit bestellt. Ohne eine solche Sicherheitsstellung ist er nur die Deposition der aus dem Akzepte schuldigen Summe bei Gericht oder bei einer anderen zur Annahme von Depositen ermächtigten Behörde oder Anstalt zu fordern berechtigt.[37])

Art. 74.[38]) Der nach den Bestimmungen des Artikel 36 legitimierte Besitzer eines Wechsels kann nur dann zur Herausgabe desselben angehalten werden, wenn er den Wechsel in bösem Glauben erworben hat oder ihm bei der Erwerbung des Wechsels eine grobe Fahrlässigkeit zur Last fällt.[39], [40])

XII. Falsche Wechsel.

Art. 75. Auch wenn die Unterschrift eines Ausstellers eines Wechsels falsch oder verfälscht ist, behalten dennoch das echte Akzept und die echten Indossamente die wechselmäßige Wirkung.[41—44])

---

34) Über das Aufgebotsverfahren von W siehe §§ 1003ff. ZPO.

35) Auch Blanko-Akzepte können aufgeboten werden, auch auf Antrag des Ausstellers, der das ihm übergebene Akzept verloren hat; dieser darf jedoch, wenn er noch nicht unterschrieben hatte, nicht auf Zahlung klagen. OHG **25** 16.

36) Nicht auch vom Aussteller und den Indossanten. OHG **1** 174. Nach Erlaß des Ausschlußurteils jedoch von diesen. RG **49** 132. Vgl. Note 13 zu Art. 54.

37) Dieser Art. findet auch Anwendung auf die in §§ 363, 365 HGB erwähnten Orderpapiere. OHG **19** 276. Nicht aber auf Reichsbankanteilscheine. RG **22** 183.

38) Der Art. 47 kommt in den Fällen der §§ 222 und 365 HGB zur entsprechenden Anwendung. — Er setzt ein „Abhandenkommen" des W nicht voraus. RG **103** 89.

39) Artikel 74 regelt nicht die ganze Lehre von dem Anspruch auf Herausgabe des Wechsels und besagt nicht, daß dieser Anspruch unbedingt gegen denjenigen durchgreift, der den W nicht durch einen Wakt, sondern durch einen zivilrechtlichen Akt der Eigentumsübertragung erworben hat. In diesem Falle sind die Vorschriften des Bürgerlichen Rechts maßgebend. RG **33** 148.

40) Art. 74 steht einem Anspruch auf Herausgabe des W, der nicht auf das Eigentum gestützt wird, nicht entgegen. RG **45** 261. An dem Rechte des redlichen Erwerbers findet der Einwand des mangelnden Begebungsvertrages seine Schranke. RG **112** 205.

41) Wer seine Namensunterschrift auf ein sonst leeres Blatt Papier setzt, und dieses einem Dritten übergibt, damit dieser daraus einen W schafft, und in Umlauf setzt, hat keine wrechtliche Einrede, falls der Dritte das Blankett in lästigerer Weise, als verabredet war, ausfüllt; dem gutgläubigen Erwerber gegenüber gilt also der W so wie er ausgefüllt ist.

Art. 76. Aus einem mit einem falschen oder verfälschten[45]) Akzept oder Indossamente versehenen Wechsel bleiben sämtliche Indossanten und der Aussteller, deren Unterschriften echt sind, wechselmäßig verpflichtet.[46])

XIII. Wechselverjährung.

Art. 77. Der wechselmäßige Anspruch gegen den Akzeptanten verjährt in drei Jahren vom Verfalltage des Wechsels an gerechnet.[47], [48])

RG **2** 100. Rechnete der Avalist (Wechselbürge) bei Übernahme der Avalverpflichtung mit der Möglichkeit einer Wfälschung durch den Akzeptanten (Erhöhung der Wsumme), so haftet er dem Indossatar in voller Höhe. RG **126** 223.

42) Fälschung oder später rechtswidrige Änderung des W zum Nachteil des Wschuldners kann auch dem gutgläubigen Erwerber gegenüber geltend gemacht werden. OHG **7** 220; RG **8** 42.

43) Veränderungen des WInhalts. Die Folgen einer nachträglichen einseitigen Veränderung des WInhalts sind in der WO nirgends ausdrücklich geregelt. Entsprechend den in Art. 75 und 76 enthaltenen Bestimmungen über falsche und verfälschte WUnterschriften und aus Gründen der Zweckmäßigkeit und der Verkehrssicherheit ist aber anzunehmen, daß jeder einzelne Unterzeichner einer WErklärung nach Maßgabe desjenigen Inhalts haftet, den der W zur Zeit der Abgabe seiner Unterschrift hatte oder nachher mit seiner Zustimmung erhalten hat. Dies gilt auch dann, wenn die nachträgliche Veränderung des W nicht in der Abänderung eines wesentlichen Bestandteils, sondern in der Hinzufügung des an sich beim W nicht wesentlichen Domizilvermerks besteht. RG **32** 36. (Über den Protest in einem solchen Falle vgl. Note 90 zu Art. 43.) Die Wverpflichtung bleibt nach dem ursprünglichen Winhalt erhalten, wenn die fälschende Veränderung den ursprünglichen Text erkennen läßt. RG **54** 386; **108** 78; **111** 284.

44) Behauptet der im Regreßwege in Anspruch genommene Indossant, die Wsumme sei nachträglich erhöht worden, so hat er dies zu beweisen. Wer einen indossablen W in Verkehr bringt, nimmt vorbehaltlich des von ihm zu führenden Beweises einer Verfälschung die Gefahr auf sich, daß er dem gutgläubigen Erwerber gemäß dem Inhalte des W haftet, den dieser in äußerlich mangelfreier Gestalt zur Zeit des Erwerbes aufweist. RG, K **1** 67. Die Rechtsverhältnisse aus dem W müssen so beurteilt werden, wie sie sich nach seiner Gestaltung zurzeit der Geltendmachung darstellen. Wer Veränderungen behauptet, muß sie beweisen. Das erfordert die Sicherheit des Verkehrs, dem der W dienen soll. RG **113** 337.

45) Oder aus sonstigem Grunde ungültigen (z. B. mangels Beglaubigung nach Art. 94). OHG **17** 281.

46) Wegen Indossamente, die sich nicht an den W oder vorhergehende Giros anschließen, siehe Art. 36 Anm. 49.

47) Der Fälligkeitstag wird nicht mitgerechnet. OHG **3** 415. RG **11** 47. Bei ursprünglich als Blanko-Akzepte übergebenen W beginnt die Verjährung mit dem im ausgefüllten W angegebenen Verfalltage. RG **58** 186. Bei nach Sicht fälligen Blankow ist die Verjährung nach § 202 BGB (im Anhang) gehemmt, solange der Gläubiger abredegemäß den W nicht geltend machen darf. RG **99** 9.

Art. 78. Die Regreßansprüche des Inhabers (Art. 50) gegen den Aussteller und die übrigen Vormänner verjähren:

1. in 3 Monaten,[49]) wenn der Wechsel in Europa, mit Ausnahme von Island und den Faröern, zahlbar war;
2. in 6 Monaten,[49]) wenn der Wechsel in den Küstenländern von Asien und Afrika längs des Mittelländischen und Schwarzen Meeres oder in den dazu gehörigen Inseln dieser Meere zahlbar war;
3. in 18 Monaten,[49]) wenn der Wechsel in einem anderen außereuropäischen Lande oder in Island oder den Faröern zahlbar war.

Die Verjährung beginnt gegen den Inhaber mit dem Tage des erhobenen Protestes.[50])

Art. 79. Die Regreßansprüche des Indossanten (Art. 51) gegen den Aussteller und die übrigen Vormänner verjähren:

1. in 3 Monaten,[49]) wenn der Regreßnehmer in Europa, mit Ausnahme von Island und den Faröern, wohnt;
2. in 6 Monaten,[49]) wenn der Regreßnehmer in den Küstenländern von Asien und Afrika längs des Mittelländischen und Schwarzen Meeres oder in den dazu gehörigen Inseln dieser Meere wohnt;
3. in 18 Monaten,[49]) wenn der Regreßnehmer in einem anderen außereuropäischen Lande oder in Island oder den Faröern wohnt.

Gegen den Indossanten läuft die Frist, wenn er, ehe eine Wechselklage gegen ihn angestellt worden, gezahlt hat, vom Tage der Zahlung, in allen übrigen Fällen aber vom Tage der ihm geschehenen Behändigung der Klage oder Ladung,[51],[52])

(Art. 80 ist weggefallen.)[53])

---

48) Die Frist läuft ohne Rücksicht auf die Verhältnisse der Indossanten, so daß die im Art. 77 geordnete Normalfrist unter Umständen, namentlich wenn eine größere Zahl von Indossamenten vorhanden ist, dahin führen kann, daß derjenige, welcher zuletzt im Regreßwege gezahlt hat, gegen den Akzeptanten wegen des inzwischen erfolgten Ablaufs der dreijährigen Verjährungsfrist nicht mehr zu klagen imstande ist. OHG **7** 41.

49) Die Monate werden nach Art. 32 berechnet. OHG **3** 124.

50) Ist der Protest erlassen worden (vgl. Art. 42), so läuft die Verjährung von dem Tage ab, an dem er hätte erhoben werden müssen. OHG **4** 366. Der Protesttag rechnet nicht mit. RG **11** 45; **27** 80; **113** 340.

51) Wann der Indossatar gezahlt hat, muß derjenige nachweisen, welcher den Verjährungseinwand erhebt. OHG **3** 124.

52) Die Verjährung läuft gegen den Indossatar, ohne daß es darauf ankommt, ob ein anderer Wgläubiger gegen den betreffenden Regreßpflichtigen die Verjährung unterbrochen hat (durch gemeinschaftliche Klage gegen diesen und den Indossatar). OHG **5** 361.

XIV. Klagerecht des Wechselgläubigers.[54])

Art. 81. Die wechselmäßige Verpflichtung trifft den Aussteller, Akzeptanten und Indossanten des Wechsels sowie einen jeden, welcher den Wechsel, die Wechselkopie, das Akzept oder das Indossament mitunterzeichnet[55]) hat, selbst dann, wenn er sich dabei nur als Bürge (per aval)[56],[57]) benannt hat. Die Verpflichtung dieser Personen erstreckt sich auf alles, was der Wechselinhaber wegen Nichterfüllung der Wechselverbindlichkeit zu fordern hat. Der Wechselinhaber kann sich wegen seiner ganzen Forderung an den einzelnen halten; es steht in seiner Wahl, welchen Wechselverpflichteten er zuerst in Anspruch nehmen will.[58])

Art. 82. Der Wechselschuldner kann sich nur solcher Einreden bedienen, welche aus dem Wechselrechte selbst hervorgehen oder ihm unmittelbar gegen den jedesmaligen Kläger zustehen.[59—80])

---

53) Art. 80 ist durch Art. 8 Nr. 2 des EGzHGB aufgehoben, die Unterbrechung der Verjährung regelt sich jetzt nach §§ 209ff. BGB.

54) Über die Wklagen und das Verfahren im Wprozeß vgl. ZPO § 4, §§ 602—605, § 538 Nr. 4; § 708 Nr. 4; § 110 Nr. 2.

Wsachen sind Feriensachen. GerichtsverfassungsG § 202 Nr. 5.

55) mit unterzeichnet; wenn jemand allein akzeptiert, der nicht bezogen ist, wird er nicht haftbar. OHG **15** 346, ebensowenig jemand, der als Bürge unterzeichnet ist, ohne daß ein Aussteller mit unterschrieben hat. RG **10** 1. Es ist zulässig, die Bürgschaft in einer besonderen, auf dem W befindlichen, unmittelbar hinter der Unterschrift des Ausstellers folgenden Erklärung (also nicht durch bloße Mitunterschrift) zu übernehmen, OHG **12** 148; die Unterschrift kann auch auf der Rückseite stehen, wenn nur aus der Schrift selbst erhellt, daß eine Bürgschaft beabsichtigt sein soll, auch darf die Bürgschaft auf einen Teil der WSumme beschränkt werden. OHG **12** 255.

56) Für die Unterschrift des Wbürgen gelten die gleichen Anforderungen wie für die des Hauptverpflichteten. Er muß also mit seinem Namen oder seiner Firma unterschreiben. RG **68** 155.

57) Der Wbürge übernimmt eine eigene selbständige Wverpflichtung, die neben die des Hauptverpflichteten tritt, nicht eine zivilrechtliche Bürgschaft. Die Vorschriften der §§ 765ff. BGB sind also nicht anwendbar. RG **74** 352. Die Verpflichtung des Wbürgen entsteht zwar nicht, ohne daß eine den Formvorschriften der WO entsprechende Erstunterschrift eines Hauptverpflichteten vorhanden ist; sie besteht aber selbst dann, wenn die Wverpflichtung aus der Erstunterschrift nicht besteht, weil diese Unterschrift gefälscht oder wegen mangelnder Wfähigkeit unverbindlich ist. RG **40** 57.

58) Eine dem Aussteller über die Verjährungszeit hinaus gegebene Stundung hindert die Verjährung gegen den nicht dabei zugezogenen Bürgen nicht. OHG **25** 26.

59) Aus dem Wrechte selbst hervorgehende Einreden sind z. B. mangelnder Protest (Art.41), Verjährung (Art.77ff.). Vgl. auch §364 Abs.2HGB, der inhaltlich dasselbe besagt.

60) Wegen Einrede der Fälschung siehe Art. 75 Note 42.

61) Gegenüber dem Indossatar hält RG **5** 82 die Einrede für zulässig, daß er den Besitz des Wechsels ohne Begebungsvertrag erlangt habe; ebenso RG **117** 75. Der aus dem Wechsel in Anspruch genommene kann dem gutgläubigen Wgläubiger gegenüber den Mangel eines eigenen Begebungsvertrages nicht einwenden. RG **87** 367; **112** 202; **117** 75, vgl. auch Note 61 zu Art. 9.

62) Der Wschuldner kann sich nicht allein damit verteidigen, daß er den Gegenwert für den W nicht erhalten habe. OHG **3** 313; er muß darlegen, daß der Kläger ihm gegenüber arglistig handle, z. B. daß der Kläger sich zur Zahlung des Nennwertes des W verpflichtet habe. OHG **4** 265.

63) Die Einrede, daß dem W ein unerlaubtes Rechtsgeschäft zugrunde liege, ist zulässig. OHG **10** 387. Jedoch hat nicht der Wkläger zu beweisen, daß die Wforderung auf einem rechtsgültigen Geschäft beruht, sondern der Beklagte muß beweisen, daß er sein Akzept zur Deckung einer Schuld aus unerlaubtem Geschäft gegeben hat. OHG **3** 354.

64) Ein in Ausführung eines wucherischen Vertrages formgerecht ausgestellter W begründet eine gültige und klagbare Wforderung; unter den Voraussetzungen des Art. 82 kann ihr jedoch die Einrede des Wuchers entgegengesetzt werden. RG **8** 97.

65) Ein Indossant kann sich nicht darauf berufen, daß der Kläger den Akzeptanten und seinen Vormann aus der Verbindlichkeit entlassen habe. RG **59** 319.

66) Der Akzeptant darf sich nicht darauf berufen, daß der Aussteller gezahlt habe, auch nicht, daß er selbst gezahlt habe, aber nicht an den klagenden WInhaber. OHG **7** 121; RG **11** 21. Wenn jedoch der zahlende Aussteller und der WInhaber vereinbart haben, daß durch die Zahlung auch der Akzeptant freiwerden solle, so darf dieser sich hierauf berufen. OHG **8** 387.

67) Ersucht ein Indossatar den Wgläubiger, seine, des Wgläubigers, Rechte gegen den dem Indossatar vorstehenden Wverpflichteten geltend zu machen, und zahlt der ersuchende Indossatar die Wechselsumme, so kann sich der vorstehende Verpflichtete nicht auf diese Zahlung berufen; denn nach der Absicht des Zahlenden sollte die Verbindlichkeit seiner Vormänner bestehen bleiben und von dem Wgläubiger verfolgt werden; dieser ist nicht endgültig wegen seiner Regreßforderung befriedigt und hat nicht aufgehört, wahrer Wgläubiger zu sein. RG, K **2** 152.

68) Der Wschuldner kann dem ersten Nehmer des W gegenüber geltend machen, daß es der Wverpflichtung an jedem Rechtsgrunde fehle. RG **70** 212.

69) Gegenüber der Klage aus einem W, der auf Grund eines später durch Rücktritt aufgehobenen Kausalgeschäftes gegeben ist, genügt nicht die Berufung auf den Rücktritt, es ist vielmehr die Darlegung erforderlich, daß der Wschuldner aus dem aufgehobenen Geschäfte keine Rückgewährpflicht mehr zu erfüllen hat. RG **75** 202.

70) Gegenüber einem gutgläubigen WInhaber kann der Akzeptant sich nicht darauf berufen, daß er seine Unterschrift auf einem noch leeren Wformular vollzogen habe, ohne zu wissen, daß es ein Wformular sei, und ohne den Willen, eine Wverbindlichkeit einzugehen. RG **14** 22. Vgl. auch Art. 21 Note 3 und 5.

71) Einem Dritterwerber eines Wblanketts, der es gutgläubig ausgefüllt hat, können Einwendungen nur nach Maßgabe von Art. 82 entgegengesetzt werden, auch wenn er nach dem Inhalte des W der erste Wgläubiger ist. RG **87** 367.

72) Das bloße Wiſſen des dritten Erwerbers, daß der Akzeptant den W nur aus Gefälligkeit gegen den Ausſteller und den Indoſſanten unterſchrieben hat, begründet nicht die Einrede der Argliſt, da die Gefälligkeit des Akzeptanten darin beſteht, daß er eine gegenüber einem Dritten verbindliche Werklärung abgeben wollte. Anders liegt es, wenn der Indoſſatar, obwohl er weiß, daß ſein Indoſſant ſich dem Akzeptanten gegenüber zur Einlöſung verpflichtet hat, ſich dazu hergibt, einen ihm als unbegründet bekannten Anſpruch für Rechnung ſeines Vormanns zu verfolgen, um dem Akzeptanten die gegenüber dem Ausſteller begründete Einrede abzuſchneiden, oder wenn der dritte Erwerber die Verpflichtung des Ausſtellers und Indoſſanten zur Einlöſung auch ſeinerſeits übernommen hat. RG, K **2** 154.

73) Einem Depotw gegenüber muß der Wverpflichtete ſeine Einwendungen aus dem zugrunde liegenden Geſchäfte darlegen und beweiſen; es braucht nicht der Inhaber nachzuweiſen, daß ſeine Forderung in Höhe der eingeklagten Wſumme beſteht. OHG **8** 141; **17** 281. Wird das urſprüngliche Kauſalgeſchäft durch ein anderes erſetzt, ſo bleibt die Beweislaſt beim Schuldner. RG **124** 67. Vgl. auch RG **122** 179.

74) Wer zur Stellung einer Kaution ſtatt baren Geldes einen W gibt, verpflichtet ſich, wenn nichts anderes vereinbart iſt, den Wechſelbetrag dem Inhaber, alſo auch dem Kautionsgläubiger bei Verfall nach Wrecht zu zahlen; der Gläubiger iſt ſogar berechtigt, den W ſogleich durch Begebung zu verwerten; die dem Kautionsgläubiger gegebene Sicherheit beſteht eben darin, daß er ſpäteſtens bei Verfall des W durch Wklage die Wſumme beitreiben kann; der Einwand, die durch die Kaution zu ſichernde Forderung ſei noch nicht feſtgeſtellt und fällig, iſt daher unzuläſſig. OHG **6** 437.

75) Wegen Einrede des Kontokorrents ſ. § 355 HGB Anm. 94.

76) Klagt derjenige, dem der W nur zwecks Einziehung für Rechnung des Indoſſanten indoſſiert und übergeben worden iſt (Inkaſſomandatar), ſo iſt er Wgläubiger und Prozeßpartei; es kann ihm nicht entgegengehalten werden, daß das Indoſſament nur zum Scheine erteilt ſei. Dagegen iſt die Einrede der Argliſt gegen ihn zuläſſig und zwar nicht nur, wenn er beim Erwerbe des W argliſtig handelte, indem er wußte, daß er als Werkzeug dienen ſollte, einen unbegründeten Anſpruch des Indoſſanten geltend zu machen und dem Wſchuldner begründete Einreden abzuſchneiden, ſondern auch dann, wenn er vor Anſtellung der Klage oder auch erſt im Laufe des Prozeſſes die Einreden des Wſchuldners erfährt und das ihm zuſtehende formale Recht dazu mißbraucht, ihre Geltendmachung lediglich zum Vorteile des Indoſſanten und zum Nachteil des Wſchuldners zu verhindern. RG **4** 100; **11** 9. Er muß aber, wenn ihn der Vorwurf der Argliſt treffen ſoll, damit gerechnet haben, daß er ſich durch Abſchneiden berechtigter Einreden an einem unſauberen Geſchäft beteilige, während ſeine bloße Kenntnis von dem Entgegenſtehen von Einreden gegenüber dem urſprünglichen Nehmer des W, die ihm gegenüber nicht erhoben werden können, nicht genügt. RG **57** 391; **96** 191.

77) Der Inhaber eines W, der ihn für eigene Rechnung erworben hat, muß ſich nur ſolche Einreden aus der Perſon ſeines Vormanns entgegenhalten laſſen, deren Vereitelung zum Schaden des Wſchuldners er in abſichtlichem Zuſammenwirken mit dem Veräußerer bezweckt. RG **10** 480.

78) Der Gläubiger, dem ſein Schuldner einen auf einen Dritten gezogenen oder von ihm ſelbſt akzeptierten, jedoch bei einem Dritten domizilierten W zahlungshalber übergeben hat, iſt zunächſt verpflichtet, Befriedigung mittelſt dieſes W zu ſuchen und kann nur dann auf die urſprüngliche Forderung zurückgreifen, wenn er ohne ſein Verſchulden

Art. 83. Ist die wechselmäßige Verbindlichkeit des Ausstellers oder des Akzeptanten durch Verjährung oder dadurch, daß die zur Erhaltung des Wechselrechts gesetzlich vorgeschriebenen Handlungen verabsäumt sind, erloschen, so bleiben dieselben dem Inhaber des Wechsels[81]) nur soweit, als sie sich mit dessen Schaden bereichern würden, verpflichtet. Gegen die Indossanten, deren wechselmäßige Verbindlichkeit erloschen ist, findet ein solcher Anspruch nicht statt.[82—87])

---

von dem Dritten bzw. dem Domiziliaten Zahlung nicht erhalten kann. Es genügt, daß der W rechtzeitig dem Domiziliaten vorgelegt, von diesem aber nicht eingelöst wird. RG **27** 89.

79) Tritt ein Indossant den Anspruch, zu dessen Erfüllung oder Sicherung der W bestimmt ist, an den Indossatar ab, so kann der Wschuldner Einwendungen gegen den Anspruch auch der Wklage des Indossatars entgegensetzen. RG **83** 102.

80) Ist die Klage des durch Vollgiro legitimierten Inkassomandatars abgewiesen, so gilt dies Urteil auch gegenüber dem Indossanten. Er kann sich nicht darauf berufen, daß nicht er, sondern der Indossatar Prozeßpartei gewesen sei. RG **36** 53.

81) Der nach Art. 36 zur Klage legitimiert sein würde (OHG **6** 381); wer den W durch ein nach eingetretener Verjährung ausgestelltes Indossament erhalten hat, ist zur Klage nicht berechtigt. OHG **12** 123. Zur Begründung der Klage aus Art. 83 gehört die Vorlegung eines bis auf den Mangel der Vorlegung oder Protesterhebung oder die Verjährung gültigen den Kläger als Wgläubiger ausweisenden W. OHG **10** 42.

82) Welches Recht dem durch Erlöschen der Wmäßigen Verbindlichkeit Geschädigten auf Grund des Wechsels noch verbleibt, regelt sich allein nach dieser Bestimmung, nicht nach bürgerlichem Recht. OHG **6** 381.

83) Es ist nicht an die formale Schädigung und Bereicherung gedacht, die schon in der Verjährung des Anspruches selbst gegeben ist, sondern an eine aus dieser Verjährung sich ergebende materielle Vermögensverminderung auf der einen und Vermögensvermehrung auf der anderen Seite. OHG **23** 260; RG **93** 24.

84) Wenn bei Verjährung oder sonstigen Beseitigung der Wklage die Klage aus dem unterliegenden Deckungsverhältnisse noch fortbesteht, ist die Bereicherungsklage des Art. 83 nicht gegeben. RG **44** 78.

85) Ein Stellvertreter des Beklagten hatte per procura desselben W gezogen, gegen Valuta begeben und das empfangene Geld unterschlagen; die Akzepte waren gefälscht, vom Beklagten wurde Erstattung der Valuta verlangt. Dies war gerechtfertigt; der Beklagte war bereichert, da der Vertreter zur Empfangnahme von Geld ermächtigt war. Wenn er nachher das Geld unterschlug, so ändert dies an der Tatsache der erfolgten Bereicherung nichts, die Bereicherung kam dadurch nicht wieder in Wegfall. RG **13** 4.

86) Ein verjährter eigener W ist kein Verpflichtungsschein des § 363 HGB (OHG **9** 353; **18** 188); der W kann aber als Beweisurkunde für die Hingabe des Darlehens dienen. OHG **22** 305. Ein solcher W berechtigte nicht zum Urkundenprozeß nach § 592 ZPO.

87) Bestand der Wille, einen W zu schaffen, ist aber infolge eines Formmangels diese Absicht nicht zur Ausführung gelangt, so ist gemäß § 140 BGB zu untersuchen, ob die rechtsgeschäftliche Erklärung, welche nicht zur Begründung einer Wverpflichtung

XV. Ausländiſche Geſetzgebung.

Art. 84. Die Fähigkeit eines Ausländers, wechſelmäßige Verpflichtungen zu übernehmen, wird nach den Geſetzen des Staates beurteilt, welchem derſelbe angehört. Jedoch wird ein nach den Geſetzen ſeines Vaterlandes nicht wechſelfähiger Ausländer durch Übernahme von Wechſelverbindlichkeiten im Inlande verpflichtet, inſofern er nach den Geſetzen des Inlandes wechſelfähig iſt.[88])

Art. 85. Die weſentlichen Erfordernisſe eines im Ausland ausgeſtellten Wechſels[89]) ſowie jeder anderen im Ausland ausgeſtellten Wechſelerklärung werden nach den Geſetzen des Ortes beurteilt, an welchem die Erklärung erfolgt iſt. Entſprechen jedoch die im Auslande geſchehenen Wechſelerklärungen den Anforderungen des inländiſchen Geſetzes, ſo kann daraus, daß ſie nach ausländiſchen Geſetzen mangelhaft ſind, kein Einwand gegen die Rechtsverbindlichkeit der ſpäter im Inland auf den Wechſel geſetzten Erklärungen entnommen werden. Ebenſo haben Wechſelerklärungen, wodurch ſich ein Inländer einem anderen Inländer im Auslande verpflichtet, Wechſelkraft, wenn ſie auch nur den Anforderungen der inländiſchen Geſetzgebung entſprechen.

Art. 86. Über die Form[90]) der mit einem Wechſel an einem ausländiſchen Platze zur Ausübung oder Erhaltung des Wechſelrechts vorzunehmenden Handlungen entſcheidet das dort geltende Recht.

XVI. Proteſt.[91])

Art. 87. Jeder Proteſt muß durch einen Notar oder einen Gerichtsbeamten oder einen Poſtbeamten aufgenommen werden.[92—94]) Der Zuziehung von Zeugen oder eines Protokollführers bedarf es dabei nicht.

---

geführt hat, als ein anderes Rechtsgeſchäft aufrecht erhalten werden kann. OHG **6** 130; RG, K **2** 145.

88) Dieſe Ausnahmebeſtimmung erſtreckt ſich nicht nur auf ſolche Wverbindlichkeiten eines Ausſtellers, welche im Inlande eingegangen und zu erfüllen ſind; ſondern derjenige Ort, an welchem der W ausgeſtellt wurde, alſo der Ort des Vertragsſchluſſes, iſt entſcheidend für die Wfähigkeit des im Inlande kontrahierenden Ausländers, ohne Rückſicht auf den Erfüllungsort. RG **15** 11.

89) Für die Anwendung des Art. 85 iſt der in der Urkunde angegebene nicht der wirkliche Ort der Ausſtellung maßgebend. RG **32** 115.

90) Form heißt auch Zeit und Ort der regreßbegründeten Handlung. OHG **1** 288.

91) Vgl. auch Art. 41ff., 91ff. und die Anmerkungen zu dieſen Artikeln.

92) Das Geſ. ſtellt dem Gläubiger nach ſeiner Wahl verſchiedene Proteſtbeamte zur Verfügung. Es iſt nie zweifelhaft geweſen und auch jetzt nicht zweifelhaft, daß der Schuld-

*) Den Postbeamten stehen solche Personen gleich, denen von der Postverwaltung die Aufnahme von Protesten übertragen ist.

Art. 88. In den Protest ist aufzunehmen:[95])

1. der Name oder die Firma der Personen, für welche und gegen welche der Protest erhoben wird;[96—98])

---

ner die Kosten desjenigen Protestbeamten erstatten muß, den der Gläubiger in Ausübung des ihm nach dem Ges. zustehenden Rechtes gewählt hat. Bericht der Kommission vom 12. II. 08 S. 2.

93) Zur Aufnahme von Wprotesten sind zuständig: In Preußen die Gerichtsvollzieher (§ 74 G v. 24. IV. 78), die Gerichtsschreiber (jetzt Urkundsbeamte) bei den Amtsgerichten (§ 70 ebenda), die zur Ausübung der freiwilligen Gerichtsbarkeit berufenen Richter; in Bayern (Art. 66 G v. 23. II. 79), Hamburg, Bremen die Gerichtsvollzieher; Hessen und Oldenburg die Gerichtsschreiber und die Gerichtsvollzieher; in Braunschweig die Amtsgerichte, die Gerichtsschreiber bei ihnen und die Gerichtsvollzieher; in Württemberg die Gerichtsschreiber unter gewissen Bedingungen.

94) Nach § 18 der Postordnung vom 22. XII. 21 (RGBl. S. 1621) und der Verordnung zur Änderung der Postordnung vom 8. XII. 23 (RGBl S. 1195) übernimmt die Postverwaltung die Erhebung von W= und Scheckprotesten mit folgenden Beschränkungen:

1. Proteste, die sich auf eine andere wrechtliche Leistung als die Zahlung beziehen, werden nicht erhoben.
2. Die Erhebung von Protesten mangels Zahlung bleibt ausgeschlossen a) für W und Schecks, die über mehr als 1000 Rentenmark oder einen entsprechenden Betrag in Reichswährung lauten, b) für W und Schecks, die in fremder Sprache ausgestellt sind, c) für W und Schecks, die auf eine ausländische Münzsorte lauten, sofern der Aussteller durch den Gebrauch des Wortes „effektiv" oder eines ähnlichen Zusatzes die Zahlung in der im W benannten Münzsorte ausdrücklich bestimmt hat, d) für W, die mit Notadresse oder Ehrenakzept versehen sind, e) für W, die unter Vorlegung mehrerer Exemplare desselben W oder unter Vorlegung des Originals und einer Kopie zu protestieren sind.

*) Abs. 2 ist eingefügt durch das Ges. v. 18. XII. 1926 (RGBl. S. 506).

95) Diese Worte sind an Stelle der Worte: „Der Protest muß enthalten" gesetzt. Um einer etwa mit Rücksicht auf die neuere Gesetzessprache möglichen strengeren Auslegung des Wortes „muß stattfinden" vorzubeugen, ist die Eingangsformel dahin gefaßt: In den Protest ist aufzunehmen. RG **100** 230.

96) Der im Auftrage des legitimierten WInhabers für denselben erhobene Protest kann nicht stets deshalb für ungültig angesehen werden, weil der Vorname des Protestanten unrichtig angegeben ist. RG **45** 120. Die Berechtigung zur Protesterhebung muß sich aus dem W selbst ergeben, legitimationsschädliche Indossamente sind vorher zu streichen. RG **114** 368. Anders bei der Klage vgl. Note 1 zu Art. 21 und Note 50 zu Art. 36.

97) Der Bericht über den Auftrag ist, abgesehen von der Person des Auftraggebers, kein wesentlicher Teil des Protestes; es kann sich ergeben, daß ein unbestimmter oder unrichtiger Auftrag erteilt, aber, worauf es ankommt, der richtige ausgeführt ist. RG, R **4** 254.

2. die Angabe, daß die Perſon,[99—100, 1—4]) gegen welche proteſtiert wird, ohne Erfolg zur Vornahme der wechſelrechtlichen Leiſtung aufgefordert worden oder nicht anzutreffen[5—8]) geweſen iſt oder daß ihr Geſchäftslokal oder ihre Wohnung ſich nicht hat ermitteln laſſen;[8a])

---

98) Es muß ſich alſo die Perſon, mit der verhandelt wird, ergeben, es genügt nicht wie bei Nr. 2 die bloße Angabe der Firma. OHG **14** 160.

99) Als die Perſon, gegen welche proteſtiert wird, iſt die phyſiſche Perſon zu verſtehen, welche die Firma, gegen die Proteſt erhoben wird, vertritt; es genügt jedoch, wenn der Proteſtbeamte beurkundet, daß er „den Inhaber der Firma" nicht angetroffen habe, einer Angabe des Namens des Firmeninhabers in der Proteſturkunde bedarf es nicht. OLG Hamburg, **K 10** 438.

100) Es iſt kein Proteſtfehler, wenn an den angetroffenen angeblichen Prokuriſten einer Aktiengeſellſchaft kein Zahlungsbegehren gerichtet iſt, es genügt, wenn in der Proteſturkunde mit voller Deutlichkeit bezeugt iſt, daß im Geſchäftslokal der genannten Geſellſchaft kein geſetzlicher Vertreter anzutreffen geweſen iſt. RG, **K 8** 410.

1) Präſentation an einen Geſchäftsgehilfen, der nicht im Proteſte als Prokuriſt oder ſpeziell zur Erklärung auf W Befugter bezeichnet iſt, macht die Beurkundung der Abweſenheit des Geſchäftsherrn nicht entbehrlich. RG **3** 90; **23** 123.

2) Es iſt nicht erforderlich, daß für die Perſon, gegen welche ſich der Vorzeiger des W des Zahlungsbegehrens entledigt, die Vollmacht zur Erklärung, wenn auch nur in allgemeinen Geſchäftseinrichtungen enthalten, wirklich beſteht; es muß vielmehr genügen, wenn ſich nur aus dem Proteſte Tatſachen ergeben, welche bei Annahme eines ordnungsmäßigen Geſchäftsganges des Proteſtaten für einen ſorgfältig handelnden Präſentanten die Annahme rechtfertigen durften, daß die Perſon, mit welcher er verhandelte, zur Abgabe der von ihr gegebenen Erklärung bevollmächtigt war. .. Die Sorgfaltspflicht des Vorlegers des W und ebenſo des proteſtierenden Beamten läßt ſich in der Regel nicht bis zu einer Identitäts- und Legitimationsprüfung wie bei der Vornahme und Aufnahme von Rechtsgeſchäften mit dem Geſchäftsinhaber oder einem Bevollmächtigten desſelben ſteigern. RG **24** 82.

3) Die Zahlungsaufforderung kann entſprechend dem in § 171 ZPO enthaltenen Rechtsprinzip gegenüber einem von mehreren Geſamtvertretern abgegeben werden. RG **53** 227.

4) Durch die Nachfrage bei dem Ehemann nach der bezogenen Ehefrau genügt der Proteſtbeamte ſeiner Pflicht, es liegt ihm nicht ob, alle Räumlichkeiten der Privatwohnung zu unterſuchen, um feſtzuſtellen, ob die Bezogene nicht doch vielleicht anweſend ſei. RG, **K 2** 457.

5) Nicht anzutreffen. Die Feſtſtellung, daß die Perſon nicht angetroffen wurde, genügt nicht; ſie muß „nicht anzutreffen" geweſen ſein; es muß alſo verſucht worden ſein, ſie zu treffen; der Proteſtbeamte muß unter Angabe ſeiner Eigenſchaft nach der Perſon gefragt haben. Nicht anzutreffen iſt auch der, zu dem der Zutritt von den Perſonen, mit denen der Beamte in den ihm zunächſt zugänglichen Räumen verhandelt, nicht ermöglicht wird (weil er ſchlafe, krank ſei, ſich ankleide, mit anderen Perſonen verhandle und dergl.)

3. die Angabe des Ortes[9]) sowie des Kalendertags, Monats und Jahres, an welchem die Aufforderung (Nr. 2) geschehen oder ohne Erfolg versucht worden ist;
4. im Falle einer Ehrenannahme oder einer Ehrenzahlung die Erwähnung, von wem, für wen und wie sie angeboten oder geleistet wird.

Der Protest ist von dem Protestbeamten zu unterzeichnen und mit dem Amtssiegel oder dem Amtsstempel zu versehen.[10])

Art. 88a. Der Protest mangels Zahlung ist auf den Wechsel oder auf ein mit dem Wechsel zu verbindendes Blatt zu setzen.

---

und der, der dem Beamten aus gleichen Gründen den Zutritt nicht gestattet oder seine Anwesenheit verleugnen läßt.

6) Die Beurkundung, daß das Geschäftslokal, in welchem der W zu präsentieren war, verschlossen gefunden, genügt zur Konstatierung, daß der Protestat nicht anzutreffen war. RG **23** 121.

7) Es genügt die Beurkundung, daß in dem Geschäftslokale „die Kasse" verschlossen gefunden wurde in dem Falle, daß die Zahlstelle eine Reichsbankhauptstelle war. Es ist Sache vernünftigen Ermessens im Einzelfalle, inwieweit eine getroffene Einrichtung den Notar berechtigt, sich an dem Verschlusse eines bestimmten Geschäftsraumes zu begnügen, während andere Geschäftsräume noch offen sind. RG **14** 145.

8) Ist eine Lokalangabe des W, mit deren Hilfe der Protestat hätte gefunden werden können, unbeachtet geblieben, so ist deshalb allein der erhobene Windprotest nicht ungültig. Dem Gesetz ist genügt, wenn der Protest den Vermerk enthält, daß sich das Geschäftslokal oder die Wohnung nicht habe ermitteln lassen. Dieser Vermerk hat durch den Abs. 2 des Art. 91 die Eigenschaft einer Form gewonnen, deren Beobachtung die Gültigkeit des Protestes sichert, auch wenn der Beamte unter gröblichster Verletzung seiner Pflichten nicht das geringste zur Ermittelung getan hat. RG **73** 251; **74** 85.

Mit Rücksicht auf diese Entscheidung haben die früheren Entscheidungen:

Wenn der Protestat verstorben ist, genügt Aufnahme des Protestes in dem früheren Geschäftslokal, in Ermangelung eines solchen in der Sterbewohnung. OHG **2** 216.

Es genügt nicht, den Tod des Protestaten und damit die rechtliche Unmöglichkeit einer gegenwärtigen Wohnung festzustellen, sondern der Protestbeamte muß die Sterbewohnung als die letzte mögliche Wohnung des Protestaten aufsuchen, um dort den Protestakt aufzunehmen; Präsentation und Zahlungsaufforderung findet dabei nicht statt, es genügt die Feststellung des Todes des Protestaten. RG **58** 48 (51, 53).

wesentlich an Bedeutung verloren.

8a) Die Beurkundung, daß ein Geschäftslokal des Protestaten unter der im W angegebenen Adresse nicht ermittelt worden ist, genügt nicht. RG **126** 1.

9) Nicht erforderlich ist die Angabe der Örtlichkeit. Nennt aber der Protest die Privatwohnung als Stelle der Vornahme der Amtshandlung, so muß er die Nichtermittlung des Geschäftslokals angeben. RG **85** 301.

10) Die Beifügung des Siegels oder Stempels braucht nicht in unmittelbarem Anschluß an die Unterzeichnung des Protestes zu erfolgen. Entw. zu Nov. 08 S. 12.

Der Proteſt ſoll unmittelbar hinter den letzten auf der Rückſeite des Wechſels befindlichen Vermerk, in Ermangelung eines ſolchen unmittelbar an einen Rand der Rückſeite geſetzt werden.

Wird der Proteſt auf ein Blatt geſetzt, das mit dem Wechſel verbunden wird, ſo ſoll die Verbindungsſtelle mit dem Amtsſiegel oder dem Amtsſtempel verſehen werden. Iſt dies geſchehen, ſo braucht der Unterſchrift des Proteſtbeamten ein Siegel oder Stempel nicht beigefügt zu werden.

Wird der Proteſt unter Vorlegung mehrerer Exemplare desſelben Wechſels oder unter Vorlegung des Originals und einer Kopie erhoben, ſo genügt die Beurkundung auf einem der Exemplare oder auf dem Originalwechſel. Auf den anderen Exemplaren oder auf der Kopie iſt zu vermerken, daß ſich der Proteſt mangels Zahlung auf dem erſten Exemplar oder auf dem Originalwechſel befindet. Auf den Vermerk finden die Vorſchriften des Abſ. 2 und des Abſ. 3 Satz 1 entſprechende Anwendung. Der Proteſtbeamte hat den Vermerk zu unterzeichnen.

Art. 88b. Bezieht ſich der Proteſt auf eine andere wechſelrechtliche Leiſtung als die Zahlung, ſo iſt er auf eine Abſchrift des Wechſels[11]) oder der Kopie oder auf ein mit der Abſchrift zu verbindendes Blatt zu ſetzen. Die Abſchrift hat auch die auf dem Wechſel oder der Kopie befindlichen Indoſſamente und anderen Vermerke zu enthalten. Die Vorſchriften des Art. 88a Abſ. 2, 3 finden entſprechende Anwendung.

Art. 89. Muß eine wechſelrechtliche Leiſtung von mehreren Perſonen verlangt werden, ſo iſt über die mehrfache Aufforderung nur eine Proteſturkunde erforderlich.

Art. 89a. Die Wechſelzahlung kann an den Proteſtbeamten erfolgen. Die Befugnis des Proteſtbeamten zur Annahme der Zahlung kann nicht ausgeſchloſſen werden.

Art. 90. Schreibfehler, Auslaſſungen und ſonſtige Mängel der Proteſturkunde können bis zur Aushändigung[11a]) der Urkunde an die Perſon, für welche der Proteſt erhoben iſt, von dem Proteſtbeamten berichtigt

---

11) Vermerke auf dem W, die zur Frage nach ſeiner Identität und den rechtlichen Verhältniſſen unter den WIntereſſenten in keiner Beziehung ſtehen (Firmenſtempel, Seitenzahlen der Handelsbücher), brauchen nicht kopiert zu werden. OHG **1** 143.

11a) Erhebt der proteſtierende Notar als Rechtsanwalt die Klage, ſo iſt als Zeitpunkt der Aushändigung die Einreichung der Klage (im Landgerichtsprozeß wohl die Zuſtellung der Klage) anzuſehen. RG **126** 6.

werden. Die Berichtigung[11b]) ist als solche unter Beifügung der Unterschrift kenntlich zu machen.

Von dem Protest ist eine beglaubigte Abschrift zurückzubehalten. Über den Inhalt des Wechsels oder der Kopie ist ein Vermerk aufzunehmen. Der Vermerk hat zu enthalten:

1. den Betrag des Wechsels;
2. die Zahlungszeit;
3. den Ort, den Monatstag und das Jahr der Ausstellung;
4. die Namen des Ausstellers, des Remittenten und des Bezogenen;
5. falls eine vom Bezogenen verschiedene Person angegeben ist, durch welche die Zahlung erfolgen soll, den Namen dieser Person sowie die Namen der etwaigen Notadressen und Ehrenakzeptanten.

Die Abschriften und Vermerke sind geordnet aufzubewahren.

XVII. Ort und Zeit für die Präsentation und andere im Wechselverkehre vorkommende Handlungen.

Art. 91. Die Präsentation zur Annahme oder Zahlung, die Protesterhebung, die Abforderung eines Wechselduplikats sowie alle sonstigen bei einer bestimmten Person vorzunehmenden Akte müssen in deren Geschäftslokal[12—16]) und in Ermangelung eines solchen in deren Woh-

---

11b) Über die Grenzen des Begriffes der Berichtigung vgl. RG **126** 6.

12) Unter dem Geschäftslokal ist diejenige Räumlichkeit zu verstehen, in welcher der Gewerbetreibende gewöhnlich seinen Berufsgeschäften obliegt, welche er tatsächlich zu seinem Geschäftsbetriebe benutzt. Das Geschäftslokal einer offenen Handelsgesellschaft ist zugleich als Geschäftslokal derjenigen Gesellschafter anzusehen, welche dort regelmäßig tätig sind, um ihren Berufsgeschäften obzuliegen. RG **16** 349. (Das Urteil handelt von Zustellung im Geschäftslokale nach § 183 ZPO. Die Erklärung trifft unbedenklich auch auf das Geschäftslokal im Sinne der WO zu. Das Geschäftslokal der Gesellschaft gilt danach auch als Geschäftslokal der Gesellschafter bei Vorlegung von PrivatW.)

13) Dadurch, daß der Akzeptant seiner Unterschrift eine Straße und Hausnummer beifügt, erklärt er, daß in dem bezeichneten Hause auf sein Akzept bezügliche wrechtliche Akte vorgenommen werden können, auch wenn es nicht sein Geschäftslokal ist. RG, K4255.

14) Im Geschäftslokal zur Zeit der Vornahme der Akte, nicht zur Zeit der Ausstellung des W. RG **14** 201.

15) Es ist Sache des Geschäftsinhabers, für seine gehörige Vertretung in dem Geschäftslokal zur Geschäftszeit zu sorgen, also gleichgültig, ob eine Vertretung statthatte. OHG **11** 391.

16) Die Nov. 08 hat „Orte" durch „Stelle" ersetzt.

nung vorgenommen werden. An einer anderen Stelle,[17—20]) z. B. an der Börse, kann dies nur mit beiderseitigem Einverständnisse geschehen.[21])

Ist in dem Proteste vermerkt, daß sich das Geschäftslokal oder die Wohnung nicht hat ermitteln lassen, so ist der Protest nicht deshalb ungültig, weil die Ermittelung möglich war.[22])

Die Verantwortlichkeit des Protestbeamten, der es unterläßt, geeignete Ermittelungen anzustellen, wird durch die Vorschrift des Abs. 2 nicht berührt. Ist eine Nachfrage bei der Polizeibehörde[23]) des Ortes[24]) ohne Erfolg geblieben, so ist der Protestbeamte zu weiteren Nachforschungen nicht verpflichtet.

Art. 91a. Eine in dem Geschäftslokal oder in der Wohnung eines Beteiligten vorgenommene Handlung ist auch dann gültig, wenn an Stelle des Ortes, in welchem das Geschäftslokal oder die Wohnung

---

17) In einer anderen Ortschaft darf selbst mit Zustimmung des Präsentanten Protest nicht erhoben werden, derselbe ist ungültig. OHG **21** 148, soweit nicht Art. 91a zutrifft.

18) Betreibt der Bezogene am Zahlungsort kaufmännische oder sonstige Geschäfte, so ist in seinem Geschäftslokal zu präsentieren; betreibt er am Zahlungsorte keine Geschäfte, so ist in seiner Wohnung zu präsentieren. OHG **25** 30.

19) Für den Fall eines Konkurses wird das benutzte seitherige Geschäftslokal, welches sich noch unverändert als das des Gemeinschuldners kundgibt, für den Rechtsverkehr, insbesondere im Sinne des Art. 91, als wirkliches Geschäftslokal angesehen werden müssen, sofern nicht für den Dritten die Aufgabe der Benutzung für solchen geschäftlichen Fortbetrieb bei Vornahme der betreffenden Akte erkennbar wird. RG **2** 26.

20) Drei Möglichkeiten sind denkbar. Der W oder auch die Protesturkunde ergeben, daß der Protestat zu den Personen gehört, welche regelmäßig eines Geschäftslokals sich bedienen; oder sie ergeben, daß er eine von den Personen ist, welche gewöhnlich kein derartiges Lokal besitzen; oder sie deuten weder das Vorhandensein, noch das Nichtvorhandensein eines Geschäftslokals an. Ersterenfalls ist der Mangel eines Geschäftslokals nach der Vorschrift im Absatz 2 des Art. 91 festzustellen und im Proteste zu verlautbaren, soll ein in der Wohnung erhobener Abwesenheitsprotest als gültig betrachtet werden. Im zweiten und dritten Falle steht es der Wirksamkeit eines solchen Protestes nicht entgegen, wenn die Protesturkunde etwaiger vergeblicher Bemühungen um die Ausmittelung eines Geschäftslokals nicht gedenkt. RG **2** 59.

21) Dem Protestbeamten liegt in diesem Falle ob, da die Gültigkeit des Aktes von der Identität abhängt, deren Prüfung vorzunehmen und die Vornahme zu beurkunden. RG, K **9** 412.

22) Vgl. Note 8 und 8a zu Art. 88, Ziffer 2.

23) Daß er diese Nachfrage selbst vornimmt, ist nicht erforderlich. Entw. z. Nov. 08 S. 14.

24) Des im W angegebenen Ortes. Entw. S. 15.

liegt, ein benachbarter Ort in dem Wechsel angegeben ist.[25]) Mit beiderseitigem Einverständnisse[25a]) können auch in anderen Fällen die bei einem Beteiligten vorzunehmenden Handlungen an einem Orte erfolgen, der dem im Wechsel angegebenen Orte benachbart ist.

Welche Orte im Sinne dieser Vorschriften als benachbarte anzusehen sind, bestimmt der Bundesrat; die Bestimmung ist im Reichs-Gesetzblatte bekannt zu machen.[26])

Art. 92. Verfällt der Wechsel an einem Sonntag oder allgemeinen Feiertage,[27]) so ist der nächste Werktag der Zahlungstag. Auch die Herausgabe eines Wechsel-Duplikats, die Erklärung über die Annahme sowie jede andere Handlung können nur an einem Werktage gefordert werden. Fällt der Zeitpunkt, in welchem die Vornahme einer der vorstehenden Handlungen spätestens gefordert werden mußte, auf einen Sonntag oder allgemeinen Feiertag, so muß diese Handlung am nächsten Werktage gefordert werden. Dieselbe Bestimmung findet auch auf die Protesterhebung Anwendung.

Die Proteste sollen nur in der Zeit von 9 Uhr vormittags bis 6 Uhr abends erhoben werden.[28]) Außerhalb dieser Zeit soll die Protesterhebung nur erfolgen, wenn die Person, gegen welche protestiert wird, ausdrücklich einwilligt.

Art. 93. Bestehen an einem Wechselplatz allgemeine Zahltage (Kassiertage), so braucht die Zahlung eines zwischen den Zahltagen fällig gewordenen Wechsels erst am nächsten Zahltage geleistet zu werden, sofern nicht der Wechsel auf Sicht lautet. Die im Artikel 41 für die Aufnahme des Protestes mangels Zahlung bestimmte Frist darf jedoch nicht überschritten werden.

---

25) Die Erhebung eines Windprotestes ist in diesen Fällen zulässig, aber nicht wie bisher erforderlich. Entw. z. Nov. 08 S. 15.

25a) Das beiderseitige Einverständnis muß bei Protesterhebung durch Einlassung des Protestaten vorhanden sein. RG **98** 106.

26) Vgl. hierzu die VO der Reichsregierung v. 7. XII. 1927. RGBl. S. 343.

27) Ein jüdischer Feiertag ist kein allgemeiner; auf die Person des Beteiligten kommt nichts an. OHG **2** 409. Eine Zusammenstellung der allgem. Feiertage in den einzelnen Bundesstaaten befindet sich in Rehbeins WOrdnung 8. Aufl. S. 160, 161.

28) Die Vorschrift des Abs. 2 ist nur instruktioneller Natur; wird ohne Genehmigung des Protestaten außerhalb der Protestzeit ein Protest erhoben, so kann der Beamte zur Verantwortung gezogen werden, dagegen bleibt die Gültigkeit des Protestes unberührt. Entw. z. Nov. 08 S. 16.

XVIII. Mangelhafte Unterschriften.

Art. 94. Wechselerklärungen, welche statt des Namens mit Kreuzen oder anderen Zeichen vollzogen sind, haben nur dann, wenn diese Zeichen gerichtlich oder notariell beglaubigt worden, Wechselkraft.[29])

Art. 95. Wer eine Wechselerklärung als Bevollmächtigter eines anderen unterzeichnet, ohne dazu Vollmacht zu haben, haftet persönlich in gleicher Weise, wie der angebliche Machtgeber gehaftet haben würde, wenn die Vollmacht erteilt gewesen wäre. Dasselbe gilt von Vormündern und anderen Vertretern, welche mit der Überschreitung ihrer Befugnisse Wechselerklärungen ausstellen.[30—32])

3. Abschnitt. Von eigenen Wechseln.[33])

Art. 96. Die wesentlichen Erfordernisse eines eigenen (trockenen) Wechsels sind:

1. die in den Wechsel selbst aufzunehmende Bezeichnung als Wechsel oder, wenn der Wechsel in einer fremden Sprache ausgestellt ist, ein jener Bezeichnung entsprechender Ausdruck in der fremden Sprache;
2. die Angabe der zu zahlenden Geldsumme;
3. der Name der Person oder die Firma, an welche oder an deren Order der Aussteller Zahlung leisten will;[34], [35])

---

29) Vgl. §§ 167, 183 des ReichsG über die Angel. der freiw. Gerichtsbarkeit v. 17. V. 98 und Art. 60, 61 des preuß. G über die freiw. Gerichtsbarkeit v. 21. IX. 99.

30) Ansprüche aus Art. 95 sind, auch wenn sie nicht im WProzesse geltend gemacht werden, Feriensachen. RG **64** 164.

31) Wenn der wirklich Bevollmächtigte den Namen des Machtgebers ohne Hinzufügung seines Namens oder eines das Vollmachtsverhältnis andeutenden Zusatzes schreibt, so wird der Machtgeber verpflichtet; OHG **5** 271; auch wenn ein Prokurist den Namen der Firma mit Beifügung eines das Prokuraverhältnis andeutenden Vermerkes (p. p.), aber ohne Beifügung seines Namens schreibt, wird die Firma verpflichtet. OHG **18** 99.

32) Der Mangel in der Vertretungsbefugnis bei Zeichnung eines Indossaments kann durch nachträgliche Genehmigung behoben werden, wie nach altem so nach neuem Recht. BGB §§ 177, 184. Diese Genehmigung verleiht dem Indossament rückwärts die verpflichtende Kraft; aus dem W selbst braucht sie sich nicht zu ergeben. RG, K **2** 158.

33) Beispiel eines eigenen W:

> Am 10. August 1910 zahle ich gegen diesen Wechsel an Herrn Paul Meyer in Berlin elfhundert Mark.
> Berlin, den 15. April 1910. Otto Schulze.

34) Eigene W an eigene Order sind ungültig und können auch nicht giriert werden. OHG **7** 194; RG **47** 156.

35) Ein von einer offenen Handelsgesellschaft unter ihrer Firma an Order einer

4. die Bestimmung der Zeit, zu welcher gezahlt werden soll (Art. 4 Nr. 4);
5. die Unterschrift des Ausstellers mit seinem Namen oder seiner Firma;
6. die Angabe des Ortes, Monatstags und Jahres der Ausstellung.

Art. 97. Der Ort der Ausstellung gilt für den eigenen Wechsel, insofern nicht ein besonderer Zahlungsort angegeben ist, als Zahlungsort und zugleich als Wohnort des Ausstellers.[36],[37])

Art. 98. Nachstehende, in diesem Gesetze für gezogene Wechsel gegebene Vorschriften gelten auch für eigene Wechsel:

1. die Artikel 5 und 7 über die Form des Wechsels;
2. die Artikel 9—17 über das Indossament;
3. die Artikel 19 und 20 über die Präsentation der Wechsel auf eine Zeit nach Sicht mit der Maßgabe, daß die Präsentation dem Aussteller geschehen muß;[38],[39])
4. der Artikel 29 über den Sicherheitsregreß mit der Maßgabe, daß derselbe im Falle der Unsicherheit des Ausstellers stattfindet;
5. die Artikel 30—40 über die Zahlung und die Befugnis zur Deposition des fälligen Wechselbetrages mit der Maßgabe, daß letztere durch den Aussteller geschehen kann;
6. die Artikel 41 und 42 sowie die Artikel 45—55 über den Regreß mangels Zahlung gegen die Indossanten;
7. die Artikel 62—65 über die Ehrenzahlung;

---

mit anderer Firma unter denselben Gesellschaftern bestehenden offenen Handelsgesellschaft ausgestellter eigener W ist gültig. RG **47** 156.

36) Die Regel betrifft die Wfähigkeit nicht; diese wird nach dem Rechte des Ortes beurteilt, an dem der Aussteller zur Zeit der WAusstellung seinen wirklichen Wohnsitz hatte. OHG **23** 388.

37) Art. 97 regelt nur den Fall, daß ein besonderer Zahlungsort nicht angegeben ist, und schreibt für diesen Fall unbedingt vor, daß der Ausstellungsort sowohl als Zahlungsort als auch als Wohnort des Ausstellers gelten soll (also auch wenn der wirkliche Wohnort des Ausstellers in dem W angegeben ist, gilt der Ausstellungsort als Wohnort). RG **8** 71.

38) Ein eigener nach Sicht-W, welcher nicht zur Sicht präsentiert ist, wird durch Klageanstellung fällig. RG **8** 66.

39) Der Protestbeamte könnte an den Aussteller das Begehren richten, eine datierte Sichtbescheinigung auf den W zu setzen, schlechthin wesentlich ist ein solches Begehren nicht, wesentlich bei dem Rechtsakt ist vielmehr die Präsentation als solche, die Tatsache der Sicht. RG **68** 427.

8. die Artikel 70—72 über die Kopien;[40])
9. die Artikel 73—76 über abhanden gekommene und falsche Wechsel mit der Maßgabe, daß im Falle des Artikel 73 die Zahlung durch den Aussteller erfolgen muß;
10. die Artikel 78—95[41]) über die allgemeinen Grundsätze der Wechselverjährung, die Verjährung der Regreßansprüche gegen die Indossanten, das Klagerecht des Wechselgläubigers, die ausländischen Wechselgesetze, den Protest, den Ort und die Zeit für die Präsentation und andere im Wechselverkehre vorkommende Handlungen sowie über mangelhafte Unterschriften.

Art. 99.[42]) Eigene domizilierte Wechsel sind dem Domizilaten oder, wenn ein solcher nicht benannt ist, dem Aussteller selbst an demjenigen Orte, wohin der Wechsel domiziliert ist, zur Zahlung zu präsentieren und, wenn die Zahlung unterbleibt, dort zu protestieren.[43])

Ein eigener Wechsel, dessen Zahlung am Wohnorte des Ausstellers durch eine andere Person erfolgen soll, ist dieser Person zur Zahlung zu präsentieren und, wenn die Zahlung unterbleibt, gegen sie zu protestieren.

Bei eigenen Wechseln bedarf es zur Erhaltung des Wechselrechts gegen den Aussteller weder der Präsentation am Zahlungstage noch der Erhebung eines Protestes.[44])

Art. 100. Der wechselmäßige Anspruch gegen den Aussteller eines eigenen Wechsels verjährt in drei Jahren, vom Verfalltage des Wechsels an gerechnet.[45—47])

---

40) Die in der WO enthaltenen Bestimmungen über Duplikate gelten nicht für eigene W, ein eigener W kann nicht die rechtliche Bedeutung eines Duplikates haben. RG **9** 117.

41) Die auf Grund der Novelle 08 erfolgte Bekanntmachung hat den bisherigen Druckfehler (96) beseitigt.

42) Durch die Novelle von 1908 geändert.

43) Auch wenn der W nicht giriert und beim Remittenten (als Domiziliaten) domiziliert ist, muß zur Erhaltung des WAnspruches beim Remittenten Protest erhoben werden. OHG **13** 146.

44) Ist ein Domiziliat nicht benannt, gilt mithin der Aussteller als solcher, so bedarf es keines Protestes. OHG **5** 380. RG **28** 100.

45) Der Verfalltag wird nicht mit eingerechnet, siehe Art. 77.

46) Lautet der eigene W einfach nach Sicht und ist keine Präsentationszeit beigefügt, so beginnt die dreijährige Verjährungszeit nach Ablauf der nach Art. 31 Nr. 2 anzu-

6. Scheckgesetz.*

Vom 11. März 1908 (RGBl 71).

§ 1. Der Scheck muß enthalten:

1. die in den Text aufzunehmende Bezeichnung als Scheck oder, wenn der Scheck in einer fremden Sprache ausgestellt ist, einen jener Bezeichnung entsprechenden Ausdruck in der fremden Sprache;
2. die an den Bezogenen[1]) gerichtete Anweisung des Ausstellers, aus seinem Guthaben eine bestimmte Geldsumme zu zahlen;
3. die Unterschrift des Ausstellers;
4. die Angabe des Ortes und des Tages der Ausstellung.[1])

§ 2. Als Bezogene sollen nur bezeichnet werden:

1. diejenigen Anstalten des öffentlichen Rechtes, diejenigen unter staatlicher Aufsicht stehenden Anstalten sowie diejenigen in das Genossenschaftsregister eingetragenen Genossenschaften, welche sich nach den für ihren Geschäftsbetrieb maßgebenden Bestimmungen mit der Annahme von Geld und der Leistung von Zahlungen für fremde Rechnung befassen, ferner die unter amtlicher Aufsicht stehenden Sparkassen, wenn sie die nach Landesrecht für sie geltenden Aufsichtsbestimmungen erfüllen;
2. die in das Handelsregister eingetragenen Firmen, welche gewerbsmäßig Bankiergeschäfte betreiben.

§ 3. Als Guthaben ist der Geldbetrag anzusehen, bis zu welchem der Bezogene nach dem zwischen ihm und dem Aussteller bestehenden Rechtsverhältnisse Schecks einzulösen verpflichtet ist.

§ 4. Als Zahlungsempfänger kann entweder eine bestimmte Person oder Firma oder der Inhaber des Schecks angegeben werden. Der Aussteller kann sich selbst als Zahlungsempfänger bezeichnen.

---

nehmenden zweijährigen Präsentationsfrist. OHG **11** 47. RG **3** 6. (Über W auf eine bestimmte Zeit nach Sicht siehe Art. 20 und Art. 98 Nr. 3).

47) Ein verjährter eigener W ist kein Verpflichtungsschein des § 363 HGB, siehe oben Anm. 86 zu Art. 83.

*) Durch das Gesetz zur Änderung des Scheckgesetzes und des Wechselstempelsteuergesetzes vom 28. III. 1930 (RGBl. I S. 107) sind in § 7 der Abs. 2 und in § 11 der Abs. 4 neu eingefügt, in § 16 Abs. 2 Satz 2 neu gefaßt und § 29 gestrichen.

1) Die Angabe mehrerer Bezogener ist unzulässig. RG **112** 140.

Sind dem Namen oder der Firma des Zahlungsempfängers die Worte „oder Überbringer" oder ein gleichbedeutender Zusatz beigefügt oder enthält der Scheck keine Angabe darüber, an wen zu zahlen ist, so gilt er als auf den Inhaber gestellt.

§ 5. Der bei dem Namen oder der Firma des Bezogenen angegebene Ort gilt als Zahlungsort. Die Angabe eines anderen Zahlungsorts gilt als nicht geschrieben. Ist bei dem Namen oder der Firma des Bezogenen ein Ort nicht angegeben, so gilt der Ausstellungsort als Zahlungsort.

§ 6. Ist die zu zahlende Geldsumme in Buchstaben und in Ziffern ausgedrückt, so gilt bei Abweichungen die in Buchstaben ausgedrückte Summe. Ist die Summe mehrmals mit Buchstaben oder mehrmals mit Ziffern geschrieben, so gilt bei Abweichungen die geringere Summe.

§ 7. Der Scheck ist bei Sicht zahlbar. Die Angabe einer anderen Zahlungszeit macht den Scheck nichtig.

Ein Scheck, der dem Bezogenen vor dem Tage, der auf dem Scheck als Tag der Ausstellung bezeichnet ist, zur Einlösung vorgelegt wird, gilt als am Tage der Vorlegung ausgestellt. Der Nachweis der Vorlegung kann nur durch die im § 16 Abs. 1 bezeichnete Erklärung, Bescheinigung oder Protesturkunde geführt werden.

§ 8. Der auf einen bestimmten Zahlungsempfänger gestellte Scheck kann durch Indossament übertragen werden, wenn nicht der Aussteller die Übertragung durch die Worte „nicht an Order" oder durch einen gleichbedeutenden Zusatz untersagt hat.

In betreff der Form des Indossaments, in betreff der Legitimation des Besitzers eines indossierten Schecks und der Prüfung der Legitimation sowie in betreff der Verpflichtung des Besitzers zur Herausgabe finden die Art. 11—13, 36, 74 WO entsprechende Anwendung. Ein auf eine Abschrift des Schecks gesetztes Indossament ist jedoch unwirksam. Das Gleiche gilt von einem Indossamente des Bezogenen. Ein Indossament an den Bezogenen gilt als Quittung.

§ 9. Schecks, die auf einen bestimmten Zahlungsempfänger gestellt und im Auslande zahlbar sind, können in mehreren Ausfertigungen ausgestellt werden. Jede Ausfertigung muß im Texte mit der Bezeichnung „Erste, zweite, dritte usw. Ausfertigung" oder mit einer gleichbedeutenden Bezeichnung versehen werden; ist dies nicht geschehen, so gilt jede Ausfertigung als ein für sich bestehender Scheck.

Ist von mehreren Ausfertigungen eine bezahlt, so verlieren dadurch die andern ihre Kraft. Jedoch bleiben aus den übrigen Ausfertigungen der Indossant, welcher mehrere Ausfertigungen an verschiedene Personen indossiert hat, und alle späteren Indossanten, deren Unterschriften sich auf den bei der Zahlung nicht zurückgegebenen Ausfertigungen befinden, auf Grund ihres Indossaments verpflichtet.

§ 10. Der Scheck kann nicht angenommen werden. Ein auf den Scheck gesetzter Annahmevermerk gilt als nicht geschrieben.[2])

§ 11. Der im Inland ausgestellte und zahlbare Scheck ist binnen zehn Tagen nach der Ausstellung dem Bezogenen am Zahlungsorte zur Zahlung vorzulegen.

Für Schecks, die im Ausland ausgestellt, im Inlande zahlbar sind, bestimmt der Bundesrat die Vorlegungsfrist.*) Das Gleiche gilt für Schecks, die im Inland ausgestellt, im Auslande zahlbar sind, sofern das ausländische Recht keine Vorschrift über die Zeit der Vorlegung enthält.

Fällt der letzte Tag der Frist auf einen Sonntag oder einen am Zahlungsorte staatlich anerkannten allgemeinen Feiertag, so tritt an die Stelle des Sonntags oder des Feiertags der nächstfolgende Werktag.

Bei vordatierten Scheck, deren vorzeitige Vorlegung gemäß § 16 Abs. 1 nachgewiesen wird, ist eine nochmalige Vorlegung nicht erforderlich. Die Vorschriften über die Vorlegungsfrist finden aber, soweit die Berechnung der Benachrichtigungsfrist (§ 17) und des Beginns der Verjährung (§ 20 Abs. 2) in Betracht kommt, auch auf diese Schecks Anwendung; für den Beginn der Frist tritt an die Stelle des Tages der Ausstellung der Tag der Vorlegung.

§ 12. Die Einlieferung eines Schecks in eine Abrechnungsstelle,**) bei welcher der Bezogene vertreten ist, gilt als Vorlegung zur Zahlung

---

2) Ein Annahmevermerk hat überhaupt keine rechtliche Wirkung, nicht nur keine scheckrechtliche. RG **105** 361. Eine Erklärung der Bank, der Scheck sei in Ordnung, begründet keine Einlösungsverpflichtung. RG **112** 320.

*) Vgl. Bekanntmachung v. 19. III. 08 (RGBl. S. 85)

**) Abrechnungsstellen im Sinne des ScheckG sind lt. Bek. des Reichskanzlers die Abrechnungsstellen bei der Reichsbank in Berlin, Braunschweig, Bremen, Breslau, Chemnitz, Köln a. Rh., Dortmund, Dresden, Düsseldorf, Elberfeld, Essen, Frankfurt a. M., Hamburg, Karlsruhe i. B., Leipzig, Mannheim, München, Nürnberg, Stuttgart, die Bank des Berliner Kassenvereins zu Berlin und die Preuß. Zentralgenossenschaftskasse zu Berlin.

am Zahlungsorte, sofern die Einlieferung den für den Geschäftsverkehr der Abrechnungsstelle maßgebenden Bestimmungen entspricht.

Der Bundesrat bestimmt, welche Stellen als Abrechnungsstellen im Sinne dieses Gesetzes zu gelten haben.

§ 13. Der Bezogene, der den Scheckbetrag bezahlt, kann die Aushändigung des quittierten Schecks verlangen.

Der Ablauf der Vorlegungsfrist ist auf das Recht des Bezogenen zur Zahlung ohne Einfluß.

Ein Widerruf des Schecks ist erst nach dem Ablaufe der Vorlegungsfrist wirksam.[3],[4])

§ 14. Der Aussteller sowie jeder Inhaber eines Schecks kann durch den quer über die Vorderseite gesetzten Vermerk: „Nur zur Verrechnung" verbieten, daß der Scheck bar bezahlt werde. Der Bezogene darf in diesem Falle den Scheck nur durch Verrechnung einlösen. Die Verrechnung gilt als Zahlung im Sinne dieses Gesetzes.

Das Verbot kann nicht zurückgenommen werden. Die Übertretung des Verbots macht den Bezogenen für den dadurch entstehenden Schaden verantwortlich.[5])

§ 15. Der Aussteller und die Indossanten haften dem Inhaber für die Einlösung des Schecks.[5a])

Auch bei dem auf den Inhaber gestellten Scheck haftet jeder, der seinen Namen oder seine Firma auf die Rückseite des Schecks geschrieben hat, dem Inhaber für die Einlösung. Auf den Bezogenen[5b]) findet diese Vorschrift keine Anwendung.

Hat ein Indossant dem Indossamente die Bemerkung „ohne Gewährleistung" oder einen gleichbedeutenden Vorbehalt hinzugefügt, so ist er von der Verbindlichkeit aus seinem Indossamente befreit.

§ 16. Zur Ausübung des Regreßrechts[6]) muß nachgewiesen werden, daß der Scheck rechtzeitig zur Zahlung vorgelegt und nicht eingelöst oder

---

3) Widerruf zwischen wirklicher Ausstellung und angegebenem Ausstellungstag (bei vordatiertem Scheck) ist unwirksam. RG **96** 195.

4) Einen vorzeitigen Widerruf darf der Bezogene beachten, er ist aber nicht dazu verpflichtet. RG **99** 78; **112** 322.

5) Zur Prüfungspflicht des Bezogenen vgl. RG **100** 33.

5a) Der Verkäufer eines Schecks, der zugleich dessen Aussteller ist, haftet nur nach § 15. Es besteht nicht noch daneben eine besondere zivilrechtliche Haftung. RG **112** 49.

5b) Auch auswärtige Filialen der bezogenen Bank fallen unter diese Vorschrift. RG **111** 271.

daß die Vorlegung vergeblich versucht worden ist. Der Nachweis kann nur geführt werden:

1. durch eine auf den Scheck gesetzte, von dem Bezogenen unterschriebene und den Tag der Vorlegung enthaltende Erklärung;[7,8])
2. durch eine auf den Scheck gesetzte und den Tag der Vorlegung enthaltende Bescheinigung der Abrechnungsstelle;
3. durch einen Protest.[9])

Auf die Vorlegung des Schecks und den Protest finden die Art. 87, 88, 90, 91 WO entsprechende Anwendung.

Enthält der Scheck die Aufforderung, keinen Protest zu erheben, so findet Art. 42 WO entsprechende Anwendung.

§ 17. Wegen der Benachrichtigung der Vormänner und ihres Einlösungsrechts sowie wegen des Umfanges der Regreßforderung und der Befugnis zur Ausstreichung von Indossamenten finden die Art. 45—48, 50—52 und Art. 55 WO mit der Maßgabe entsprechende Anwendung, daß der Inhaber des vergeblich zur Zahlung vorgelegten Schecks verpflichtet ist, seinen unmittelbaren Vormann innerhalb zweier Tage nach der Ausstellung der im § 16 Abs. 1 bezeichneten Erklärung, Bescheinigung oder Protesturkunde, spätestens aber innerhalb zweier Tage nach dem Ablaufe der Vorlegungsfrist, von der Nichtzahlung des Schecks zu benachrichtigen.

§ 18. Der Inhaber des Schecks kann sich wegen seiner ganzen Regreßforderung an alle Verpflichtete oder auch nur an einige oder einen halten, ohne dadurch seinen Anspruch gegen die nicht in Anspruch genommenen Verpflichteten zu verlieren. Es steht in seiner Wahl, welchen Verpflichteten er zuerst in Anspruch nehmen will.

---

6) Der Regreß geht stets auf Zahlung, auch beim Verrechnungsscheck. RG **95** 242; **107** 38.

7) Die Erklärung muß den Tag der Vorlegung ergeben, sie braucht aber nicht datiert, auch nicht innerhalb der Vorlegungsfrist des § 11 ausgestellt zu sein. Sie muß von den vertretungsberechtigten Organen des Bezogenen unterschrieben sein. RG **100** 139. Erklärung einer anderen Geschäftsstelle der bezogenen Bank (Zentrale statt Depositenkasse) genügt, wenn diese und der Inhaber des Schecks einverstanden sind, vgl. Art. 91 Abs. 1 Satz 2 WO. RG **111** 269.

8) Der Tag der Vorlegung braucht nicht ausdrücklich angegeben zu sein, wenn sich aus dem Inhalt der Erklärung die rechtzeitige Vorlegung mit Sicherheit feststellen läßt. Der Vermerk „Zahlung verweigert" genügt, ebenso „auf Veranlassung des Ausstellers nicht bezahlt". RG **103** 46. Nachträgliche Verbesserung des Datums ist zulässig. RG **117** 63.

9) Bei Verrechnungsscheck genügt Protest, daß zur Zahlung aufgefordert, diese aber nicht geleistet sei. RG **104** 38.

Dem Inhaber des Schecks kann der Schuldner nur solche Einwendungen entgegensetzen, welche die Gültigkeit seiner Erklärung in dem Scheck betreffen oder sich aus dem Inhalte des Schecks ergeben oder ihm unmittelbar gegen den Inhaber zustehen.

§ 19. Der Regreßpflichtige ist nur gegen Auslieferung des Schecks, der zum Nachweise der rechtzeitigen Vorlegung und der Nichteinlösung oder des vergeblichen Versuchs der Vorlegung dienenden Urkunden und einer quittierten Rechnung Zahlung zu leisten verbunden.

§ 20. Die Regreßansprüche gegen den Aussteller und die übrigen Vormänner verjähren, wenn der Scheck in Europa mit Ausnahme von Island und den Faröern zahlbar ist, in drei Monaten, andernfalls in sechs Monaten.

Die Verjährung beginnt gegen den Inhaber des Schecks mit dem Ablaufe der Vorlegungsfrist, gegen jeden Indossanten, wenn er, bevor eine Klage gegen ihn erhoben worden ist, gezahlt hat, mit der Zahlung, in allen übrigen Fällen mit der Erhebung der Klage.

§ 21. Der Aussteller, dessen Regreßverbindlichkeit durch Unterlassung rechtzeitiger Vorlegung oder durch Verjährung erloschen ist, bleibt dem Inhaber des Schecks so weit verpflichtet, als er sich mit dessen Schaden bereichern würde.

§ 22. In den Fällen des § 14 Abs. 2 und des § 21 verjährt der Anspruch in einem Jahre seit der Ausstellung des Schecks.

§ 23. Aus einem Scheck, auf dem die Unterschrift des Ausstellers oder eines Indossanten gefälscht ist, bleiben diejenigen, deren Unterschriften echt sind, verpflichtet.[10])

§ 24. Auf die Anfechtung einer auf einen Scheck geleisteten Zahlung findet § 34 KO entsprechende Anwendung.

§ 25. Im Auslande zahlbare Schecks dürfen auch auf solche Bezogene lauten, auf die nach dem ausländischen Rechte ein Scheck gezogen werden darf.

§ 26. Die wesentlichen Erfordernisse eines im Ausland ausgestellten Schecks sowie jeder im Ausland auf einen Scheck gesetzten Erklärung

---

10) Bei Einlösung eines falschen oder verfälschten Schecks kann die Bank den Kunden nur in Anspruch nehmen, wenn ihm ein ursächliches Verschulden zur Last fällt. RG **100** 60. Bei Veränderung des Schecks vgl. Note 43 zu Art. 76 WO.

werden nach den Gesetzen des Ortes beurteilt, an welchem die Ausstellung oder die Erklärung erfolgt ist.

Entspricht jedoch der im Ausland ausgestellte Scheck oder die im Ausland auf einen Scheck gesetzte Erklärung den Anforderungen des inländischen Gesetzes, so kann daraus, daß nach ausländischem Gesetz ein Mangel vorliegt, kein Einwand gegen die Rechtsverbindlichkeit der später im Inland auf den Scheck gesetzten Erklärungen entnommen werden. Auch ist die im Ausland erfolgte Ausstellung eines im Inlande zahlbaren Schecks sowie die auf einen solchen Scheck im Auslande gesetzte Erklärung wirksam, wenn sie auch nur den Anforderungen des inländischen Gesetzes entspricht.

§ 27. Abhanden gekommene oder vernichtete Schecks unterliegen der Kraftloserklärung im Wege des Aufgebotsverfahrens. Die Aufgebotsfrist muß mindestens zwei Monate betragen.

Nach Einleitung des Aufgebotsverfahrens kann der Berechtigte, falls der Scheck rechtzeitig zur Zahlung vorgelegt, von dem Bezogenen aber nicht eingelöst worden war, von dem Aussteller Zahlung fordern, wenn er bis zur Kraftloserklärung Sicherheit leistet.

§ 28. Bürgerliche Rechtsstreitigkeiten, in welchen durch die Klage ein Anspruch auf Grund dieses Gesetzes geltend gemacht wird, gehören, sofern in erster Instanz die Landgerichte zuständig sind, vor die Kammern für Handelssachen.

In bürgerlichen Rechtsstreitigkeiten, in welchen durch Klage oder Widerklage ein Anspruch auf Grund dieses Gesetzes geltend gemacht ist, wird die Verhandlung und Entscheidung letzter Instanz im Sinne des § 8 RGzGVG dem Reichsgerichte zugewiesen.

Auf die Geltendmachung von Regreßansprüchen aus einem Scheck finden die den Wechselprozeß betreffenden §§ 602—605 ZPO[11]) entsprechende Anwendung. Die Rechtsstreitigkeiten, in welchen ein solcher Anspruch geltend gemacht wird, gelten als Feriensachen.

§ 30. Dieses Gesetz tritt am 1. April 1908 in Kraft. Die Vorschriften finden auf früher ausgestellte Schecks keine Anwendung.

Mit dem Inkrafttreten des Gesetzes, betreffend die Erleichterung des Wechselprotestes, werden die im § 16 des gegenwärtigen Gesetzes angeführten Vorschriften durch die neuen Art. 87—88a, 89a, 90—91a, 92 Abs. 2 WO sowie durch die §§ 3, 4 des erstgenannten Gesetzes ersetzt.

11) Die Angabe „im Wechselprozeß" genügt für den Scheckprozeß. RG **96** 100.

7. VO. über Goldmark- und Goldmarknoten-Wechsel und -Schecks.

Vom 6. Februar 1924.

Hierzu Durchführungsbestimmungen vom 17. April 1924, RGBl. S. 414.

Auf Grund des Ermächtigungsgesetzes vom 8. Dezember 1923 (RGBl I S. 1179) verordnet die Reichsregierung nach Anhörung der Ausschüsse des Reichstags und des Reichsrats:

I. Goldmark-Wechsel und -Schecks.

§ 1. Wechsel und Schecks können in der Weise ausgestellt werden, daß die zu zahlende Geldsumme in Goldmark ausgedrückt wird (Goldmark-Wechsel und -Schecks). Als Goldmark gilt der Wert von $^{10}/_{42}$ des nordamerikanischen Dollars. Die Reichsregierung ist ermächtigt, eine andere Einheit festzusetzen.

§ 2. Zahlungen aus Goldmark-Wechseln und -Schecks haben in Reichswährung zu erfolgen. Der Aussteller kann durch einen entsprechenden Zusatz Zahlung in Rentenmark bestimmen. Für die Umrechnung in Reichswährung oder Rentenmark ist die Zeit der Zahlung maßgebend.

§ 3. Lautet das Akzept eines Goldmark-Wechsels anders als auf Goldmark, so wird der Wechsel einem solchen gleichgeachtet, dessen Annahme gänzlich verweigert worden ist; der Akzeptant haftet nach dem Inhalt seines Akzepts wechselmäßig.

II. Goldmarknoten-Wechsel und -Schecks.

§ 4. Wechsel und Schecks können auch in der Weise ausgestellt werden, daß die zu zahlende Geldsumme in Goldmarknoten der Reichsbank oder in Goldmarknoten einer Privatnotenbank ausgedrückt wird.

Auf Wechsel, die auf Goldmarknoten der Reichsbank oder auf Goldmarknoten einer Privatnotenbank lauten, findet die Vorschrift des Artikel 37 der Wechselordnung entsprechende Anwendung.

§ 5. Die Vorschrift des § 3 findet auf Goldmarknoten-Wechsel entsprechende Anwendung.

III. Schlußbestimmungen.

§ 6. Die Reichsregierung wird ermächtigt, mit Zustimmung des Reichsrats die zur Durchführung dieses Gesetzes erforderlichen Rechtsverordnungen und allgemeinen Verwaltungsvorschriften zu erlassen. Sie kann insbesondere Umrechnungsgrundsätze aufstellen, einen Mindestbetrag für Goldmark-Wechsel und -Schecks festsetzen und anordnen, daß über Guthaben aus Konten, die in der im § 1 bezeichneten Rechnungseinheit geführt werden (Goldkonten) durch Übertragung auf ein anderes Goldkonto nur in bestimmten Mindestbeträgen verfügt werden darf.

Berlin, den 6. Februar 1924.

Der Reichskanzler: Marx.

Der Reichsminister der Justiz: Emminger.

8. Wechselsteuergesetz.

Vom 12. Juli 1930 (RGBl S. 219).

I. Gegenstand der Besteuerung.

§ 1. Gezogene und eigene Wechsel unterliegen einer Steuer nach den Vorschriften dieses Gesetzes (Wechselsteuer).

Die Wechselsteuer umfaßt die Wechselhauptsteuer (§§ 5 bis 15) und die Wechselnachsteuer (§ 16).

§ 2. Als Wechsel im Sinne dieses Gesetzes ist auch eine Schrift anzusehen, die nicht alle wesentlichen Erfordernisse eines Wechsels enthält, wenn sie einem anderen mit der Ermächtigung übergeben wird, die fehlenden Erfordernisse zu ergänzen. Eine solche Ermächtigung wird vermutet, wenn die Schrift als Wechsel bezeichnet ist.

§ 3. Die in diesem Gesetz für Wechsel gegebenen Vorschriften gelten entsprechend für

a) Verpflichtungsscheine über die Zahlung von Geld, die durch Indossament übertragen werden können,

b) Anweisungen über die Zahlung von Geld, die durch Indossament übertragen werden können oder auf den Inhaber lauten oder an jeden Inhaber bezahlt werden können.

Es macht keinen Unterschied, ob die im Abs. 1 bezeichneten Urkunden als Briefe oder in anderer Form ausgestellt werden.

§ 4. Von der Wechselsteuer sind befreit

a) die vom Ausland auf das Ausland gezogenen und die im Ausland ausgestellten eigenen Wechsel, sofern die Wechsel nur im Ausland zahlbar sind,

b) die vom Inland auf das Ausland gezogenen, nur im Ausland, und zwar auf Sicht oder spätestens innerhalb zehn Tagen nach dem Tage der Ausstellung zahlbaren Wechsel, wenn sie vom Aussteller unmittelbar in das Ausland versandt werden,

c) Schecks, die den §§ 1, 2, 7, 25, 26 des Scheckgesetzes entsprechen,

d) die auf Sicht zahlbaren, die Barzahlung ersetzenden Platzanweisungen, die nicht Schecks sind.

Die Befreiungen des Abs. 1 zu c und d finden keine Anwendung auf Schecks und Platzanweisungen, die mit einer Annahmeerklärung versehen sind, sofern der Annahmeerklärung rechtliche Wirkung zukommt.

Der Reichsminister der Finanzen bestimmt, in welchen Fällen Anweisungen, die an einem Nachbarort des Ausstellungsorts zahlbar sind, den Platzanweisungen gleichzuachten sind.

II. Wechselhauptsteuer.

1. Einzelwechsel.

§ 5. Die Steuerschuld entsteht in dem Zeitpunkt, in dem ein inländischer Wechsel von dem Aussteller, ein Blankoakzept von dem Akzeptanten, ein ausländischer Wechsel von dem ersten inländischen Inhaber aus den Händen gegeben wird.

Wird ein inländischer Wechsel vom Aussteller, ein ausländischer Wechsel vom ersten inländischen Inhaber lediglich zur Annahme versandt oder zur Annahme präsentiert, so entsteht die Steuerschuld erst mit der Rückgabe oder anderweiten Aushändigung des Wechsels durch den Akzeptanten, es sei denn, daß der Wechsel bereits mit einem inländischen Indossament versehen ist.

§ 6. Steuerschuldner ist, wer den Wechsel im Zeitpunkt der Entstehung der Steuerschuld aus den Händen gibt.

§ 7. Neben dem Steuerschuldner haften für die Steuer sämtliche Personen, die am Umlauf des Wechsels im Inland beteiligt sind. Als beteiligt gelten: der Aussteller, jeder Unterzeichner oder Mitunterzeichner eines Akzepts, eines Indossaments oder einer anderen Wechselerklärung, und jeder, der für eigene oder fremde Rechnung den Wechsel erwirbt, veräußert, verpfändet oder als Sicherheit annimmt, zur Zahlung präsentiert, Zahlung darauf empfängt oder leistet oder mangels Zahlung Protest erheben läßt, ohne Unterschied, ob der Name oder die Firma auf den Wechsel gesetzt wird oder nicht.

§ 8. Die Steuer beträgt 0,10 Reichsmark für je 100 Reichsmark der Wechselsumme; angefangene 100 Reichsmark werden für voll gerechnet. Ist in einer Schrift der im § 2 bezeichneten Art die zu zahlende Geldsumme nicht angegeben, so ist die Steuer nach einer Summe von 10000 Reichsmark zu berechnen.

Zur Berechnung der Steuer kann der Reichsminister der Finanzen für die in anderer als Reichswährung ausgedrückten Wechselsummen Mittelwerte festsetzen. Soweit dies nicht geschehen ist, wird die ausländische Währung nach dem laufenden Kurse für Auszahlungen (Mittelkurs) zur Zeit der Entstehung der Steuerschuld umgerechnet.

§ 9. Die Steuer ermäßigt sich auf die Hälfte der im § 8 bezeichneten Beträge

1. bei Wechseln, die vom Inland auf das Ausland gezogen und im Ausland zahlbar sind,
2. bei Wechseln, die vom Ausland auf das Inland gezogen und im Inland zahlbar sind, sofern die Wechsel auf Reichsmark lauten.

Die Steuer beträgt mindestens 10 Reichspfennig. Höhere Steuerbeträge sind auf volle 10 Reichspfennig nach oben abzurunden.

§ 10. Die Steuer wird mit Entstehung der Steuerschuld (§ 5) fällig.

§ 11. Ist die Steuer vom Steuerschuldner nicht entrichtet, so ist der nächste und, solange die Steuer nicht entrichtet ist, jeder weitere inländische Inhaber des Wechsels verpflichtet, den Wechsel zu versteuern, ehe er ihn auf der Vorder- oder Rückseite unterzeichnet, ihn veräußert, verpfändet, zur Zahlung präsentiert, Zahlung darauf empfängt oder leistet, eine Quittung darauf setzt, mangels Zahlung Protest erheben läßt oder den Wechsel aus den Händen gibt.

Ist das Bestehen einer Steuerschuld aus dem Wechsel selbst nicht zu ersehen, so besteht die im Abs. 1 bezeichnete Verpflichtung nur dann, wenn die Umstände, die die Steuerschuld überhaupt oder in einem höheren Umfang begründen, dem späteren Inhaber bekannt oder infolge grober Fahrlässigkeit unbekannt sind.

2. Wechselduplikate und Wechselabschriften.

§ 12. Wird derselbe Wechsel in mehreren im Text als Prima, Sekunda, Tertia usw. bezeichneten Stücken ausgestellt, so ist nur das zum Umlauf bestimmte Stück zu versteuern.

Außerdem unterliegt der Steuer jedes Stück, das mit einer Wechselerklärung, ausgenommen Akzepte und Notadressen, versehen ist, die nicht in einem versteuerten Stück enthalten ist. Die Steuerschuld entsteht in dem Zeitpunkt, in dem das die steuerpflichtige Wechselerklärung enthaltende Stück von dem Aussteller der Wechselerklärung aus den Händen gegeben wird. Ist die Wechselerklärung im Ausland abgegeben, so entsteht die Steuerschuld in dem Zeitpunkt, in dem das Stück von dem ersten inländischen Inhaber aus den Händen gegeben wird.

Soll ein unversteuertes Wechselduplikat ohne Auslieferung eines versteuerten Stücks desselben Wechsels bezahlt oder mangels Zahlung protestiert werden, so ist die Steuer zu entrichten, ehe die Zahlung oder Protestaufnahme stattfindet.

Der Beweis, daß ein versteuertes Wechselduplikat vorhanden ist, oder daß die auf ein unversteuertes Stück gesetzte Wechselerklärung auf einem versteuerten Duplikat abgegeben ist, oder daß bei Bezahlung eines unversteuerten Duplikats auch ein versteuertes Stück ausgeliefert ist, liegt dem ob, der wegen unterlassener Versteuerung eines Wechsels in Anspruch genommen wird.

Im übrigen finden die §§ 5 bis 11 Anwendung.

§ 13. Die im § 12 Abs. 2 bis 5 für Duplikate gegebenen Vorschriften gelten auch für Wechselabschriften, die mit einem Original-Indossament oder mit einer anderen urschriftlichen Wechselerklärung versehen sind.

§ 14. Wird ein nicht zum Umlauf im Inland bestimmtes Stück eines in mehreren Stücken ausgestellten Wechsels zur Einholung des Akzepts benutzt, so ist der Akzeptant nicht zur Versteuerung verpflichtet, wenn die Rückseite des akzeptierten Stücks vor der Rückgabe derart durchkreuzt wird, daß dadurch die weitere Benutzung zum Indossieren ausgeschlossen wird.

§ 15. Ein zur Annahme versandter Wechsel darf vom Verwahrer gegen Vorlegung eines nicht versteuerten Duplikats oder einer nicht versteuerten Abschrift desselben Wechsels nur dann unversteuert ausgeliefert werden, wenn das unversteuerte Duplikat oder die unversteuerte Abschrift auf der Rückseite derart durchkreuzt ist, daß dadurch die Benutzung zum Indossieren ausgeschlossen ist. Andernfalls haftet der Verwahrer, wenn er das mit dem Annahmevermerk versehene Stück unversteuert ausliefert, neben den im § 7 bezeichneten Personen für die Steuer; die Steuer zu dem mit dem Annahmevermerk versehenen Wechsel ist spätestens bei der Auslieferung zu entrichten.

III. Wechselnachsteuer.

§ 16. Wird in den Fällen des § 8 Abs. 1 Satz 2 in die Schrift nachträglich eine Geldsumme von mehr als 10000 Reichsmark eingetragen, so ist eine Nachsteuer nach dem im § 8 bezeichneten Steuersatz zu entrichten. Die Nachsteuer wird von der eingetragenen Geldsumme berechnet. Auf die Nachsteuer wird die bereits gezahlte Steuer angerechnet.

Die Nachsteuerschuld entsteht und wird fällig mit der Eintragung der Wechselsumme.

IV. Erhebung, Erstattung, Verjährung.

§ 17. Die Bestimmungen über die Art der Entrichtung der Wechselsteuer erläßt der Reichsminister der Finanzen. Er kann insbesondere die Verwendung von Steuerzeichen auf dem Wechsel anordnen.

§ 18. Reichs-, Staats- und Gemeindebehörden und Beamte, wenn ihnen eine richterliche oder Polizeigewalt anvertraut ist, sowie Notare, Postbeamte und andere Beamte, die Wechselproteste aufnehmen, sind verpflichtet, die Besteuerung der bei ihnen vorkommenden Wechsel, Schecks und Anweisungen von Amts wegen zu prüfen.

Auf der nach der Wechselordnung zurückzubehaltenden Abschrift des Protestes ist zu vermerken, welche Wechselsteuer zu der protestierten Urkunde entrichtet ist. Ist keine Steuer entrichtet, so ist dies zu vermerken.

§ 19. Beträge, die zu Unrecht als Wechselsteuer entrichtet sind, sind auf Antrag zu erstatten. Das gleiche gilt in den Fällen des § 8 Abs. 1 Satz 2, wenn die nachträglich eingesetzte Geldsumme hinter dem dort vorgesehenen Betrag zurückbleibt.

§ 20. Die Verjährung des Anspruchs auf die Wechselsteuer beginnt mit dem Schluß des Jahres, in dem der Wechsel fällig wird.

V. Straf- und Schlußvorschriften.

§ 21. Wenn Kommissionäre, Makler oder sonstige Vermittler vorsätzlich Geschäfte über Wechsel, für die die Wechselsteuer hinterzogen ist, abschließen oder vermitteln, so gilt die gleiche Strafe wie für Hinterziehung.

§ 22. Die Verjährung der Strafverfolgung von Zuwiderhandlungen gegen dieses Gesetz beginnt mit dem Schluß des Jahres, in dem der Wechsel fällig geworden ist.

§ 23. Der Nachprüfung zur Durchführung dieses Gesetzes unterliegen die im § 77 Abs. 1 zu a bis c des Kapitalverkehrsteuergesetzes bezeichneten Gesellschaften, Personen, Behörden und Beamten. Die gemäß § 77 Abs. 2 des Kapitalverkehrsteuergesetzes erlassenen Bestimmungen finden auf die Nachprüfung entsprechende Anwendung. Der Reichsminister der Finanzen ist ermächtigt, mit Zustimmung des Reichsrats weitere Bestimmungen über die Nachprüfung zu erlassen.

§ 24. Urkunden, welche nach diesem Gesetze steuerpflichtig sind oder auf welche die in diesem Gesetze vorgesehenen Steuerbefreiungen Anwendung finden, sind in den einzelnen Ländern keiner Steuer unterworfen.

Auch von den auf derartige Urkunden gesetzten Übertragungsvermerken, Quittungen und sonstigen auf die Leistungen aus diesen Papieren bezüglichen Vermerken dürfen landesgesetzliche Steuern nicht erhoben werden. Auf Proteste findet diese Vorschrift keine Anwendung.

§ 25. Die Ausführungsbestimmungen zu diesem Gesetz erläßt der Reichsminister der Finanzen.

Der Reichsminister der Finanzen erläßt insbesondere die Anordnungen wegen der Anfertigung und des Vertriebs der nach Maßgabe dieses Gesetzes zu verwendenden Steuerzeichen sowie die Bestimmungen über die Art ihrer Verwendung. Er stellt die Bedingungen fest, unter denen für verdorbene Steuerzeichen Erstattung zulässig ist.

§ 26. Für das Gebiet der Insel Helgoland wird der Zeitpunkt des Inkrafttretens durch Verordnung des Reichspräsidenten unter Zustimmung des Reichsrats festgesetzt.

Sachregister.

Die fetten Ziffern bedeuten:
5 Wechselordnung, 6 Scheckgesetz, 7 GoldmarkVO., 8 Wechselsteuergesetz.

A.

Abhandengekommene W **5** 73, 74, 98 Nr. 9; Schecks **6** 27.
Abrechnungsstellen 6 12.
Abschlagszahlung auf WForderungen **5** 38, 39.
Abschreibung von Teilzahlungen auf dem W **5** 39.
Abschrift des W **5** 70—72, 88b; gerichtliche oder notarielle Beglaubigung 94 u. Anm.; Aufbewahrung 90.
Abstempelung von W s. Wechselstempel.
Abtretung s. Zession.
Abweichung bei der Bezeichnung der Wechselsumme **5** 5.
Adresse, mangelhafte auf W **5** 4 (Anm. 43).
a drittura, Stellung des Rückwechsels **5** 53.
Akzept 5 21—24; eines Minderjährigen 1 (Anm. 2); der Ehefrau 1 (Anm. 3); ohne WKraft 7; Einschränkungen 22; Erfordernisse 21; Beschränkung auf einen Teil 22; andere Einschränkungen 22 Abs. 2; Zusatz „nicht an Order" 22 Abs. 2; durch einen Gesellschafter mit dem Personennamen 23 (Anm. 20); Präsentation behufs A. 18—20; Verpflichtung zur Sicherheitsleistung bei Verweigerung 25; Regreß auf Sicherstellung 25 bis 28; Mitunterzeichnung 81; auf einer unvollständigen Schrift 7; ungültiges 4 (Anm. 42); Unwiderruflichkeit 21; auf dem Scheck **6** 10.
Akzeptant, Haftung **5** 9 (Anm. 65); Regr. auf Sicherstellung 29; Regreß zur Erhaltung d. W-Rechts 44; Ausschluß von Einreden 82.
Allonge bei W **5** 11.
Alter Stil, Datierung **5** 34.
Amortisation s. Abhandengekommene W bzw. Schecks.
Amtssiegel 5 88, 88a.
Änderungen s. Veränderungen.
Anfang eines Monats **5** 30.
Anfechtung eines W bei nicht gezahlter Valuta **5** 82 (Anm. 62).
Annahme einer Teilzahlung **5** 38; von W s. Akzept, Akzeptant.
Anweisung über Geldzahlung **8** 3.
Arglist, Einrede der A. **5** 82 (Anm. 62, 76).
Attestierung des Kurses bei Regreß aus W **5** 50.
Aufbewahrung der Abschriften u. Vermerke bei WProtesten **5** 90.
Aufforderung zur Protestunterlassung **5** 42, zur Leistung auf W 88 Nr. 2, 3.
Aufgebot abhandengekommener W **5** 73.
Aufnahme des WProtestes **5** 87.
au porteur-W **5** 3 (Anm. 7).
Aushändigung des quittierten W an den WSchuldner **5** 39, 48; an den Regreßpflichtigen 54; an den Ehrenzahler 63; des Protestes 29, 48, 58, 63.
Auslagen bei W **5** 50.
Ausland, Erfordernisse eines W

i. A. 5 85; WFähigkeit d. Ausländers 84; Regreßansprüche 78; Befreiung i. A. zahlbarer W v. Stempel 8 4; beim Scheck 6 9, 25 ff.
Aussteller, Unterschrift als Erfordernis des gezogenen und eigenen W 5 4 Nr. 5, 96; Selbstbezeichnung als Remittent, als bezogener 6; Verpflichtung 8, 25, 66, 81; Anspruch gegen den Akzeptanten 23; Fälschung der Unterschrift 75; Verjährung des Anspruchs 78, 79, 83; eigener W 100; Bevollmächtigter 4 (Anm. 29).
Ausstellungsdatum 5 4 (Anm. 31); 47 (Anm. 99).
Ausstellungsort bei gezogenen W 5 4; bei eigenen 96, 97.
Ausstellungstag 5 4, 96.
Ausstreichen s. Durchstreichung.
Aval 5 7, 81.
A vista 5 4 Nr. 4.

B.

Begebungsvertrag beim W 5 21 (Anm. 97), 82 (Anm. 61).
Beglaubigung, gerichtliche oder notarielle einer WAbschrift 5 94 u. Anm.
Benachbarte Orte 5 91a.
Benachrichtigung von der Nichtzahlung eines protestierten W 5 45, 47; von der Intervention des Ehrenakzeptanten 58.
Berichtigung der Protesturkunde 5 90.
Bescheinigung der Benachrichtigung von der Nichtzahlung eines W 5 46; des Kurses 50.
Beschränkung des Akzepts 5 22; der W-Bürgschaft 22 (Anm. 17).
Betrug s. Arglist.
Beurkundung s. Form.
Bevormundete s. Minderjährige.
Beweispflicht bei Bestreitung der WFähigkeit 5 1 (Anm. 4); des Indossanten als Klägers 51 (Anm. 6).
Bezogener 5 4 Nr. 7; Beschränkung des Akzepts 22; Verpflichtung durch das Akzept 23; kein WRecht gegen den Aussteller 23; beim Scheck 6 2, 25.
Blanko-Akzept 5 21 (Anm. 99 ff.); -Indossament, Ausstellung 12, 13; Bedeutung 36.
Blanko-Wechsel 5 7.
bona fides s. Glaube.
Bürge, Haftung aus dem W 5 81.

D.

Datowechsel 5 4 Nr. 4; Verfallzeit 32; nach altem Stil 34.
Datum des W 5 4, 96; des Akzepts 20; des Protests 88 Nr. 3.
Debitverfahren über das Vermögen des Akzeptanten 5 29.
Depot-Wechsel 5 15 (Anm. 73), 82 (Anm. 73).
dolus s. Arglist.
Domizil, wmäßiges 5 4 (Anm. 47).
Domiziliat 5 43.
Domiziliert, eigene W 5 99.
Domizilvermerk, durchstrichener 5 7 (Anm. 53); gefälschter 24 (Anm. 33); 43 (Anm. 89).
Domizilwechsel, Begriff 5 24 u. Anm. 30; Präsentation zur Zahlung von Protestierung 88; uneigentlicher 43 (Anm. 83); Protest 43.
Duplikate von W 5 66—69.
Durchstreichung eines Indossaments 5 36, 55; auf Wechseln 7 (Anm. 53), 36 (Anm. 52).

E.

Echtheit der Indossamente, Prüfung 5 36.
„**Effektiv**", Bedeutung 5 37.
Ehefrau, Akzept 5 1 (Anm. 3).
Ehrenakzept 5 62; Benachrichtigung beim E. 58; wmäßige Verpflichtung 60.
Ehrenannahme von W 5 56—61.
Ehrenintervention s. Ehrenakzeptant, Ehrenzahlung.
Ehrenzahlung 5 62—65, 88, 98.
Eigener W 5 96—100; Erfordernisse 96; Präsentation 99.
Einkassierung, Klausel im Indossament 5 17.
Einlösung des W durch den Indossanten 5 51; des Schecks 6 13.
Einrede des WSchuldners 5 82; der Fälschung 75 (Anm. 42).
Ende des Monats, Erfüllungszeit 5 30.
Erfordernisse eines gezogenen W 5 4 und Anm.; Folgen des Mangels 7; eines W im Auslande 85; eines eigenen W 96; des Protestes 87, 88, 88b.
Erfüllung der WVerbindlichkeit 5 30—40.
Erhebung des Protestes 5 87, 88; mangels Zahlung 88a, 41 (Frist); mangels Annahme 88b.
Erlaß des Protestes bzw. der Präsentation 5 42, 99.
Erlöschen der Verpflichtung des Ehrenakzeptanten 5 61.
exceptio doli geg. den Indossator 5 82 (Anm. 62, 76); s. a. Arglist.

F.

Fahrlässigkeit, grobe, beim WErwerb 5 74.
Fälligkeit eines SichtW 5 31; von Meß- u. MarktW 35.
Fälschung von W 5 75, 76, 98 Nr. 9; von Schecks 6 23.
Feiertag bei WVerpflichtungen 5 92 u. Anm.
Feriensachen, WProzesse als F. 5 81 (Anm. 54).
Firma auf W 5 4 Nr. 5 (Anm. 27), 88, 96.
Form des W 5 4—7, 86, 96, 98; des WProtestes 88.
Frau s. Ehefrau.
Fremde Sprache, WBezeichnung 5 4 Nr. 1, 96 Nr. 1; s. a. Ausland.
Fristenberechnung 5 32.

G.

Garantiefunktion des Indossaments 5 14.
Gefälligkeitsakzept 5 21 (Anm. 14—16).
Geldstrafe wegen Hinterziehung des WStempels 8 21 ff.
Gerichtsbeamte, Aufnahme von Wprotesten 5 87 u. Anm.; Prüfung der WBestimmung 8 18.
Gerichtsferien s. Feriensachen.
Geschäftsraum, Vornahme von WHandlungen 5 91, 91a.
Gewalt, höhere, Verspätung des WProtestes 5 41 (Anm. 72).
Gezogener W 5 4—96.
Giro s. Indossament.
Glaube, böser 5 74.
Goldmark- u. **Goldmarknoten-Wechsel,** VO. über 7.

H.

Haftung aus echten Unterschriften 5 76; solidarische H. der mehreren Wverpflichteten 81; des Pseudovertreters bei Wzeichnung 95; für die Einlösung eines Schecks 6 15.

Halber Monat 5 32.

Handzeichen 5 94.

Hinterlegung der WSumme statt Sicherheitsleistung 5 25; bei Verzug des WGläubigers 40; bei abhandengekommenen W 73; Unterlassung 40 (Anm. 67).

Höhere Gewalt s. Gewalt.

Honorat 5 56—65.

J.

Indossament auf W 5 7, 9—17, 26, 36, 75, 76, 81; auf W-Kopien 71, 72; nicht an Order 15; nach Protest 16 (Anm. 80); Prüfung der Echtheit 36; Unterbrechung des Anschlusses 36 (Anm. 49).

Indossant, Verpflichtungen 5 14, 25, 26, 64, 67, 76, 81; Forderungsrecht gegen den Aussteller 51; Verjährung der Ansprüche 78, 79, 83.

Indossator, Rechte 5 10, 26; bei WDuplikaten 66; Stellung zu Dritten 17.

Inhaber des W, Legitimation 5 36; des WDuplikats 69; Anspruch auf Herausgabe des W 74.

Inhaberscheck 6 4 Abs. 2.

Inkasso-Mandatar 5 82 (Anm. 76).

Inländer, WFähigkeit im Auslande 5 84.

Intervention bei Annahme und Zahlung von W 5 56—65.

K.

Kassiertage s. Zahltage 5 93.

Kaution, Stellung einer 5 82 (Anm. 74).

Klagerecht des WGläubigers 5 81—83.

Konkursverwalter, Präsentation des W 5 41 (Anm. 77).

Kontraprotest 5 62.

Kopie des W 5 70—72, 88b, 90.

Kosten, Erstattung bei W 5 48, 51.

Kraftloserklärung s. Abhandengekommene W bzw. Schecks.

Kurs der W 5 50, 51.

L.

Landesmünze bei W 5 37.

Legitimation des WInhabers 5 36, 68, 74.

Legitimationsfunktion 5 36.

Lücke in Reihenfolge der Indossamente 5 10, 36.

M.

Mäkler 5 50.

mala fides s. Glaube.

Mangelhafte Unterschrift beim W 5 94, 95, 98.

Markt-(Meß-)Wechsel 5 4 Nr. 4; Präsentation zur Annahme 18; Fälligkeit 35.

Minderjährige, WFähigkeit 5 1 (Anm. 2).

Monat als Frist z. Erfüll. 5 30, 32, 88.

Münzsorte bei W 5 37.

N.

Nachindossament 5 16 (Anm. 75).
Neuer Stil, Datierung 5 34.
Richtigkeit des W 5 4, 96, 7; des Schecks 6 7.
Notadresse auf W 5 56, 62, 69.
Notare, WProtest 5 87, 88, 90, 91; Verpflichtung bez. des WStempels 8 18.
Notifikation siehe Benachrichtigung.

O.

Obligo, ohne, Klausel 5 6 (Anm. 50), 14.
„Ohne Gewährleistung", „ohne Obligo" 5 14, 6 (Anm. 50).
„Ohne Kosten", „ohne Protest" 5 42.
Order als Erfordernis eines gezogenen W 5 4; W an eigene O. 6; Wirkung der Worte „nicht an O." 9, 15, 22 (Anm. 18).
Ort der Ausstellung eines W 5 4, 96; fehlende Bezeichnung im Indossament 47; f. Präsentation, Protest usw. 88 Nr. 3, 91, 91a.
Orte, benachbarte 5 91a.

P.

Personalarrest 5 2 (Anm. 5).
Pfändung der Forderung aus W 5 39 (Anm. 61).
Platzanweisungen uaf Sicht von dem WStempel befreit 8 4.
Platzwechsel 5 6, 24.
Polizeibehörde, Ermittelung des Geschäftslokals 5 91.
Postattest, Beweismittel von der Nichtzahlung des W 5 46.
Postbeamte, WProtest 5 87.
Präsentation von W 5 91, 91a; zur Annahme 18—20; Nachweis einer früheren Pr. unzulässig 20 (Anm. 93); Vorschrift im domizilierten W 24 Abs. 2; mangels Zahlung, Erfordernisse 41 (Anm. 76, 77); Erlaß 42 (Anm. 79); domizilierter W zur Zahlung 43; Ort und Zeit 91; eigener domizilierter W 99; beim Scheck 6 11.
Präsentationsfrist, gesetzliche u. durch einen Indossanten bestimmte 5 19; beim SichtW 31; beim Ehrenakzept 60, 62; beim Scheck 6 11.
Prima-Wechsel 5 66.
Prinzipal, Abwesenheit beim W-Protest 5 91 (Anm. 15).
Prokura-Indossament 5 17; Zeichnung 83 (Anm. 85), 95.
Prolongationswechsel 5 40 (Anm. 62 ff.).
Protest, Allgemeine Erfordernisse 5 87—90; mangels Annahme 18, 20, 25, 26; gegen den unsicheren Akzeptanten 29 Abs. 2; mangels Zahlung 41, 88ff.; Verspätung 4 (Anm. 42); Erlaß 42; beim domizilierten W 99; Erfordernisse der Aufnahme 87; Inhalt 88ff.; Unterschrift 88 (Anm. 10); Registrierung 90; Protestbeamter 87, 89a, 91; Kosten 50; Protestort 91, 91a; Protestregister 90; Proteststunden 92; Protesttag 20; Berechnung 41 (Anm. 71); Protesturkunde, rechtliche Bedeutung 41 (Anm. 74); Verlust 41 (Anm. 75); beim Scheck 6 16ff.
Protestbeamter 5 87, 89a, 91.
Protesturkunde 5 87.
Provision für nichtbezahlte W 5

50, 51; des Ehrenakzeptanten 65.

Prüfung der Legitimation seitens des Wechselschuldners **5** 36.

Q.

Quittung auf W **5** 39, 48, 54; Durchstreichung auf dem W 7 (Anm. 53), 36 (Anm. 55); bei Teilzahlungen 39.

R.

Regreß auf Sicherstellung wegen Nichtannahme des W **5** 25—28, 61, 69; wegen Unsicherheit des Akzeptanten 29; mangels Zahlung 41—55, 69; des Inhabers nach Protest mangels Zahlung 50; nach Einlösung des W 51; Verjährung 78, 79; beim Scheck **6** 16ff.

Rektaindossament **5** 15.

Rektaklausel **5** 9 Abs. 2.

Rektascheck **6** 8.

Rektawechsel **5** 9 Abs. 2.

Remboursregreß **5** 51.

Remittent **5** 4 Nr. 3; Fiskus als R. 4 (Anm. 16a).

Respekttage bei W **5** 33.

Rimesse **5** 51.

Rückwechsel des Regreßnehmers **5** 53.

S.

Scheck **6**; Inhalt 1; Bezogener 2, 25; Guthaben 3; Zahlungsempfänger 4, 8, 9; Zahlungsort 5; Angabe der Geldsumme 6; Zahlungszeit 7; Nichtigkeit 7; Übertragung (Indossament) 8; Ausland 9, 25ff.; Annahmevermerk 10 (Anm. 2); Vorlegungsfrist, Vordatierung 11; Einlieferung in eine Abrechnungsstelle 12; Einlösung 13; Widerruf 13 Abs. 3 (Anm. 3 u. 4); Einlösung durch Verrechnung 14; Haftung für die Einlösung 15; Protest (Regreß) 16ff.; Verjährung der Regreßansprüche 20—22; Fälschung 23; Kraftloserklärung 27; Zuständigkeit in Rechtsstreitigkeiten 28; Stempelfreiheit **8** 4.

Scheckgesetz **6**.

Scheckklauseln **6** 4, 8, 9, 15.

Scheckprotest **6** 16.

Schreibfehler, Berichtigung auf dem WProtest **5** 90.

Sekunda-Wechsel **5** 66.

Sicherstellung, Anspruch auf S. bei WRegreß **5** 25—29, 61; des Akzeptanten bei Amortisation von W 73.

Sichtwechsel **5** 4 Nr. 4, 53; Frist für Präsentation zur Annahme 19; Verfallzeit 31, 32, 93.

Sitz s. Geschäftsraum.

Solawechsel **5** 66.

Solidarische Haftung der mehreren WVerpflichteten **5** 81, 49; für den WStempel **8** 7.

Sonntag, Erfüllungszeit **5** 92.

Stempelabgabe für W **8** 1.

Stellvertreter, Unterzeichnung eines W durch einen St., Pseudovertreter **5** 95.

Stil, alter u. neuer, bei WDatierung **5** 34.

Strafvorschriften wegen WStempelhinterziehung **8** 21ff.

Streichung s. Durchstreichung.

Summe auf dem W **5** 5.

T.

Tag des WProtestes **5** 88 Nr. 3.
Teilzahlungen 5 38, 39.
Tertia-Wechsel 5 66.
Transportfunktion 5 10, 16.
Trassant s. Aussteller.
Trassat s. Bezogener.
Trassiert, eigener W **5** 6.
Tratte s. Wechsel, gezogener.
Trockene W **5** 96.

U.

Übertragung des W durch Indossament **5** 9; Untersuchung durch den Aussteller 9; einer WForderung durch Zession 9 (Anm. 62, 63); des Schecks **6** 8.
Umlauf, Münzsorten ohne U. **5** 37.
Uneigentlicher Domizilwechsel **5** 43 (Anm. 83); Protest 43 (Anm. 93).
Ungültigkeit s. Unterschrift und Nichtigkeit.
Unsicherheit des Akzeptanten **5** 29.
Unterschrift, Wechselunfähiger **5** 3; unter dem Protest 88 (Anm. 10); mangelhafte 94, 95, 98 Nr. 10.
Unwiderruflichkeit des Akzepts **5** 21.

V.

Valuta, Einrede der nicht bezahlten V. **5** 82 (Anm. 62).
Veränderungen 5 76, 90.
Verfallzeit bei W **5** 30—35, 92.
Verjährung des W **5** 31 (Anm. 40); des Anspruchs gegen den Akzeptanten 77; der Regreßansprüche des Indossanten 79; Lauf gegen den Indossatar 79 (Anm. 52); gegen den Aussteller eines eigenen W 100; des WStempels **8** 20; d. Regreßansprüche beim Scheck **6** 20—22.
Verpflichtungsschein 8 3.
Verspätung des WProtestes **5** 41 (Anm. 72).
Vertreter bei Vollziehung einer WErklärung **5** 95.
Vervielfältigung von W **5** 66—72.
vis major s. Gewalt.
Vollindossament 5 36.
Vordatierung eines Schecks **6** 11.
Vorlegung s. Präsentation.
Vormund, Haftung f. WErklärungen **5** 95.

W.

Wechsel, Bezeichnung **5** 4 (Anm. 8—11); gezogener, Erfordernisse 4—7; im Ausland ausgestellter W 84; Übertragung durch Indossament 9—17; Annahme 18—24; Ehrenannahme 56—61; Verfallzeit 30—35; Zahlung u. Regreß 36—55; Ehrenzahlung 62—65; Vervielfältigung usw. 66—72; Amortisation 73; eigener (trockener) 96—99; in fremder Sprache 4 Nr. 1; i. Sinne d. WSteuerG. **8** 2, 3.
Wechselfähigkeit 5 1—3, 97 (Anm. 36).
Wechselfälschung s. Fälschung.
Wechselformulare für gezogene W **5** 4 (Anm. 12); W mit Notadresse 56 (Anm. 20); eigene W 95 (Anm. 33).
Wechselhauptsteuer 8 1, 5—15; Begriff 1; Steuerschuld 5; Steuerschuldner 6; neben d.

Steuerschuldner haftende Beteiligte 7; Höhe u. Berechnung d. Steuer 8; Steuerermäßigung 9; Fälligkeit 10; Steuerpflicht 11; Besteuerung v. WDuplikaten und WAbschriften 12ff.
Wechselnachsteuer 8 1, 16.
Wechselordnung 5.
Wechselschuldner, Beweislast 5 1 (Anm. 4); Haftung 2 (Anm. 5 und 6).
Wechselstempelmarke, Entwertung 8 17.
Wechselsteuerfreiheit 8 4.
Wechselsteuer-Gesetz 8; Wechselsteuer 1; Whauptsteuer u. Wnachsteuer s. dort; Erhebung, Erstattung, Verjährung 17—20; Straf- u. Schlußvorschriften 21 bis 26.
Wechselunfähigkeit s. Wechselfähigkeit.
Werktage 5 92.
Wertklausel 5 4 Nr. 2 (Anm. 14).
Woche bei W 5 32.
Wohnort des Ausstellers eigener W 5 97.
Wohnung des WSchuldners 5 91.
Wucher, Einrede 5 82 (Anm. 64).

Z.

Zahlstellenwechsel 5 43 (Anm. 83).
Zahltage, allgemeine 5 93.
Zahlung des W 5 36—40, 99; Regreß mangels Z. 41—55; Einstellung bei Regreß 29; durch Hinterlegung 40, 73; Ort 4, 6, 91, 91a; an den Protestbeamten 89a; des Schecks 6; Ort 5.
Zahlungseinstellung als Grund eines Regresses auf Sicherstellung 5 29.
Zahlungshalber gegebene W 5 82.
Zahlungsort s. Zahlung.
Zahlungszeit, Angabe, als Erfordernis eines W 5 4 Nr. 4, 96; nähere Bestimmungen 30—35, 92, 97; Zahltage eines W-Platzes 93; beim Scheck 6 7.
Zeit für die Präsentation des W 5 91—93.
Zeitrechnung bei W 5 34.
Zession 5 9, 10.
Zinsen für WSchulden 5 50, 51.
Zinsversprechen im W 5 7.

MIX
Papier | Fördert gute Waldnutzung
FSC® C083411

Kolibri 360 GmbH
Ferdinand-Jühlke-Straße 7
99095 Erfurt, Deutschland
produktsicherheit@kolibri360.de